Logística
DOS CANAIS DE DISTRIBUIÇÃO

O selo **Dialógica** da Editora InterSaberes faz referência às publicações que privilegiam uma linguagem na qual o autor dialoga com o leitor por meio de recursos textuais e visuais, o que torna o conteúdo muito mais dinâmico. São livros que criam um ambiente de interação com o leitor – seu universo cultural, social e de elaboração de conhecimentos –, possibilitando um real processo de interlocução para que a comunicação se efetive.

Logística
dos canais de distribuição

Caroline Brasil
Roberto Pansonato

Rua Clara Vendramin, 58 . Mossunguê
CEP 81200-170 · Curitiba · PR · Brasil
Fone: (41) 2106-4170
www.intersaberes.com
editora@editoraintersaberes.com.br

EDITORA AFILIADA

1ª edição, 2018.
Foi feito o depósito legal.

Informamos que é de inteira responsabilidade dos autores a emissão de conceitos.

Nenhuma parte desta publicação poderá ser reproduzida por qualquer meio ou forma sem a prévia autorização da Editora InterSaberes.

A violação dos direitos autorais é crime estabelecido na Lei n. 9.610/1998 e punido pelo art. 184 do Código Penal.

Conselho Editorial
Dr. Ivo José Both (Presidente)
Drª Elena Godoy
Dr. Nelson Luís Dias
Dr. Neri dos Santos
Dr. Ulf Gregor Baranow
Editora-chefe
Lindsay Azambuja
Supervisora editorial
Ariadne Nunes Wenger
Analista editorial
Ariel Martins
Preparação de originais
Bruno Gabriel
Edição de texto
Arte e Texto Edição e Revisão de Textos
Irinêo Netto

Capa
Laís Galvão (*design*)
ktasimar, Xerography, vvushakovv/
Shutterstock (imagens)
Projeto gráfico
Cynthia Burmester do Amaral
Sílvio Gabriel Spannenberg
Imagens do projeto gráfico
Patrycja Ebis/Scanrail1/Marin de Espinosa/Wonggod Tapprapai/
cybrain e Cool Vector Maker/
Shutterstock
Diagramação
Kátia P. Irokawa Muckenberger
Equipe de *design*
Iná Trigo
Sílvio Gabriel Spannenberg
Iconografia
Celia Kikue Suzuki
Regina Claudia Cruz Prestes

Dados Internacionais de Catalogação na Publicação (CIP)
(Câmara Brasileira do Livro, SP, Brasil)

Brasil, Caroline
  Logística dos canais de distribuição/Caroline Brasil, Roberto Pansonato. Curitiba: InterSaberes, 2018. (Série Logística Organizacional)

  Bibliografia.
  ISBN 978-85-5972-782-1

  1. Distribuição – Canais 2. Distribuição física de produtos 3. Logística 4. Logística (Organização) – Administração 5. Logística (Organização) – Custos 6. Logística (Organização) – Planejamento 7. Marketing – Administração I. Pansonato, Roberto. II. Título. III. Série.

18-17206   CDD-658.78

Índice para catálogo sistemático:
1. Logística: Canais de distribuição: Administração   658.78

Cibele Maria Dias – Bibliotecária – CRB-8/9426

Sumário

10 APRESENTAÇÃO

12 COMO APROVEITAR AO MÁXIMO ESTE LIVRO

17 **1. DISTRIBUIÇÃO: PRIMEIROS PASSOS**

1.1 Introdução à distribuição 19

1.2 Objetivos da distribuição de produtos 25

1.3 Princípios da distribuição 30

1.4 Relação da distribuição com as demais atividades logísticas 32

1.5 Nível de serviço ao cliente 35

1.6 Impactos da distribuição nos custos logísticos 38

45 **2. MODELOS DE CANAIS DE DISTRIBUIÇÃO**

2.1 Canais de distribuição 47

2.2 Características e funções dos intermediários 52

2.3 Sistemas de distribuição e atuação dos intermediários . 56

2.4 Canais verticais 62

2.5 Canais híbridos 66

2.6 Canais múltiplos 69

3. COMPONENTES DA DISTRIBUIÇÃO

3.1 Integração das operações 79

3.2 Operações e impacto do ciclo de vida dos produtos 81

3.3 *Trade marketing* 89

3.4 Características dos modais sobre a distribuição 90

3.5 Características dos centros de distribuição 104

4. ESTRUTURA DE DISTRIBUIÇÃO E OPERAÇÕES

4.1 Ambiente de distribuição 116

4.2 Estratégia de localização 120

4.3 *Trade-off* em distribuição 135

4.4 Roteirização de veículos 137

4.5 Tecnologia da informação aplicada à distribuição 143

5. CICLO DO PEDIDO E ATENDIMENTO DA DEMANDA

5.1 Ciclo do pedido 153

5.2 Conceito e modelos de *picking* 157

5.3 Infraestrutura de armazenagem e *stage in/stage out* 161

5.4 Unitização e embalagens para transporte 167

5.5 Características do processo de expedição 175

183 6. KPIs E SISTEMAS DE MEDIÇÃO NOS PROCESSOS DE DISTRIBUIÇÃO

    6.1   Nível de serviço e indicadores-chave de desempenho e distribuição 187

    6.2   Avaliação e análise dos processos de distribuição 192

    6.3   Melhoria contínua aplicada à distribuição logística 201

    6.4   Tendências na distribuição 206

214 PARA CONCLUIR...

216 REFERÊNCIAS

220 RESPOSTAS

225 ANEXOS

232 SOBRE OS AUTORES

Primeiramente, agradeço a Deus pela vida e por todas as bênçãos! Ao meu marido, pelo companheirismo e dedicação. Às minhas filhas, Flávia e Milena, por serem fonte de inspiração. E aos meus pais, pelo exemplo que são para mim!

Prof.ª Caroline Brasil

Agradeço à minha esposa, pela compreensão. Às minhas filhas, Fabiana e Camila, pelo orgulho que me proporcionam. E a Deus, pela energia positiva que nos faz viver!

Prof. Roberto Pansonato

Apresentação

Um simples toque na tecla de um computador ou na tela de um *smartphone* é suficiente para dar partida a um complexo processo de distribuição de produtos. É o que chamamos de *comércio eletrônico*, também conhecido como *e-commerce*, que movimenta os sistemas de distribuição logística. E essa é apenas uma das formas de distribuir produtos para que ele chegue até o consumidor final.

De fato, podemos pensar: Quantos produtos estão sendo adquiridos, tanto por meio do consumidor final em uma loja de varejo quanto entre clientes (de empresa para empresa)? Quantos deles necessitam ser distribuídos ao redor do mundo? Certamente o número é bastante alto. Mas, afinal, qual é o objetivo dessa distribuição de produtos?

Esses são os assuntos abordados neste livro.

O Capítulo 1 trata dos conceitos da distribuição, considerando elementos como as necessidades dos clientes.

A discussão acerca dos modelos dos canais de distribuição ganha espaço no Capítulo 2. Afinal, eles fazem parte do *marketing* ou da logística? Ou dos dois? Para responder questionamentos desse tipo, veremos as estratégias para definição dos canais, bem como as implicações sobre os processos logísticos.

Definidos os canais pelos quais os produtos chegam aos clientes e consumidores finais, está tudo resolvido, certo? Não. Com relação aos itens buscados no fabricante e estocados em centros de distribuição, é preciso considerar o ciclo de vida do produto e o modal de transporte a ser usado. Baseado nessas questões, o Capítulo 3 apresenta os componentes da distribuição.

O Capítulo 4, por sua vez, transita em meio às estratégias de distribuição e às operações. Entre os assuntos em questão, decidir onde instalar um centro de distribuição não é nada fácil, pois uma decisão equivocada pode comprometer um projeto inteiro, bem como o atendimento, que pressupõe um nível de serviço esperado pelos clientes. Serão abordadas técnicas de localização e formas de otimizar a distribuição por meio da roteirização de veículos, explicando como os centros de distribuição (CDs) são muito mais do que simples armazéns e como suas características são estratégicas para qualquer negócio.

O Capítulo 5 trata do ciclo do pedido e do atendimento à demanda. Distribuir produtos é algo complexo e dinâmico, e este estudo entende que a preocupação com a velocidade das atividades começa no processo do ciclo de pedido. Será apresentada a importância da unitização de cargas e das embalagens para transporte e as características do processo de expedição.

Por fim, o Capítulo 6 apresenta os sistemas de medição nos processos de distribuição. Para saber se toda a estratégia de distribuição foi concebida com sucesso, é necessário medir seu desempenho. De acordo com o estatístico americano William Edwards Deming, não se gerencia aquilo que não se mede. A ideia é avaliar a relevância da melhoria contínua para a distribuição, pois ainda há muito para se fazer nesse segmento. O capítulo termina olhando para o futuro: Com inovações tecnológicas ocorrendo todos os dias, o que esperar da distribuição logística? Como será a logística em 2050?

Ao longo deste livro, apresentamos sugestões de exercícios e reflexões sobre estudos de casos e fazemos indicações de outras obras. Esperamos que essas estratégias sejam um reforço em sua leitura e convidamos você a entender melhor os canais de distribuição.

Boa leitura!

Como aproveitar ao máximo este livro

Este livro traz alguns recursos que visam enriquecer seu aprendizado, facilitar a compreensão dos conteúdos e tornar a leitura mais dinâmica. São ferramentas projetadas de acordo com a natureza dos temas que vamos examinar. Veja a seguir como esses recursos se encontram distribuídos no decorrer desta obra.

CONTEÚDOS DO CAPÍTULO: Logo na abertura do capítulo, você fica conhecendo os conteúdos que nele serão abordados.

CONTEÚDOS DO CAPÍTULO:
- Canais de distribuição.
- Características e funções dos intermediários.
- Objetivos dos canais de distribuição.
- Canais verticais.
- Canais híbridos.
- Canais múltiplos.

APÓS O ESTUDO DESTE CAPÍTULO, VOCÊ SERÁ CAPAZ DE:
1. entender como funcionam os canais de distribuição;
2. identificar a interface entre os canais de distribuição e a logística;
3. compreender a função e a importância das atividades dos chamados *intermediários*;
4. apontar os principais tipos de canais de distribuição.

APÓS O ESTUDO DESTE CAPÍTULO, VOCÊ SERÁ CAPAZ DE: Você também é informado a respeito das competências que irá desenvolver e dos conhecimentos que irá adquirir com o estudo do capítulo.

IMPORTANTE Algumas das informações mais importantes da obra aparecem nestes boxes. Aproveite para fazer sua própria reflexão sobre os conteúdos apresentados.

---

preço determinará necessariamente a compra ou não de um produto. Há competitividade entre as empresas, e o poder de decisão recai sobre o consumidor.

Com relação à promoção, é evidente que ela pode ser um diferencial, mas acaba sendo uma estratégia rapidamente observada pelos concorrentes, que tomam as ações no sentido de minimizar as possíveis perdas de vendas.

Você pode estar pensando: Então apenas a distribuição é importante nesse processo? Óbvio que não. No entanto, é fato que não haverá sucesso em se atender o mercado mesmo com um bom produto, um preço competitivo e promoções de vendas se não houver canais eficazes para distribuir o produto para o consumidor final.

Importante!

Resumidamente, canais de distribuição são os caminhos que o produto irá percorrer para chegar ao consumidor final. Esse caminho é definido em função do cliente e/ou o consumidor final deseja receber o produto e também diz respeito às estratégias utilizadas.

É por meio dos canais de distribuição que produtos e serviços são disponibilizados aos consumidores, já que o produto precisa ser transportado para onde os consumidores têm acesso. Como já vimos no primeiro capítulo, isso representa um potencial forte de vantagem competitiva para as empresas.

Desse modo, é fundamental termos uma definição de canais de distribuição para que as ideias apresentadas sejam claras. Afinal, precisamos saber sobre o que estamos estudando.

Canais de distribuição podem ser vistos como "um conjunto de organizações interdependentes envolvidas no processo de tornar o produto ou o serviço disponível para consumo ou uso" (Stern; El-Ansary; Coughlan, 1996, p. 1).

Quando o consumidor final adquire um determinado produto, o produto em si é uma parte do pacote de compras, sendo que os serviços prestados pelos integrantes dos canais de distribuição não só fazem parte do pacote, como muitas vezes também são apresentados como fator decisivo para a compra.

Para proporcionar um entendimento mais prático sobre canais de distribuição, observe uma empresa de manufatura qualquer e como ela pode fazer

---

SÍNTESE Você dispõe, ao fim do capítulo, de uma síntese que traz os principais conceitos nele abordados.

---

transportador em que chegam diretamente para o modal transportador em que saem, eliminando uma etapa de estocagem. Mas os armazéns, ou almoxarifados, continuam existindo. É como se desafiassem o crescente avanço da logística e da engenharia de produção.

Quando a empresa opera pelo *cross docking*, a logística é considerada ao extremo, pois os prazos passam a ser mínimos para a realização de todas as atividades relacionadas ao atendimento dos pedidos recebidos.

Síntese

Ao longo deste capítulo, demonstramos como atender às diferentes demandas geradas pelo ciclo do pedido. Para isso, descrevemos os processos do ciclo do pedido, as relações com os diferentes canais de distribuição e os modos como as empresas podem trabalhar com eles. Também explicamos o conceito de *picking* para a logística e listamos os modelos que podem ser utilizados.

Explicamos ainda como funciona a organização dentro de um armazém e quais são os aspectos importantes que devem ser considerados no seu planejamento, como as áreas de *stage in* e *stage out*.

Para que as operações de um armazém sejam eficientes, é fundamental a compreensão sobre a unitização de cargas e a importância das embalagens para o transporte, dois processos que detalhamos.

Por fim, descrevemos as características do processo de expedição, os métodos de controle de estoque e o *cross docking*.

Questões para revisão

1. O ciclo do pedido é uma sequência de eventos relacionados à aquisição de uma mercadoria ou serviço. Repete-se, mas não com o mesmo cliente. Ocorre da mesma forma com clientes diversos. Explique cada uma das principais etapas do ciclo do pedido.

2. A respeito dos modelos de *picking*, considere a tabela a seguir e faça a associação.

Se os indicadores foram bem aplicados, atendendo às expectativas dos clientes e também às estratégias da empresa, é hora de coletar os dados e partir para as ações corretivas, preventivas e de melhorias. Para coleta de dados, constatamos a importância da folha de verificação e, para estruturação dos planos de ação, explicamos como utilizar uma ferramenta de grande valia para a gestão: a 5W2H.

Esclarecemos que planos de ações não são utilizados somente para ações corretivas e preventivas – afinal, são utilizados também para ações de melhoria – e abordamos os princípios que regem a melhoria contínua, também conhecida como *kaizen*.

Por fim, tratamos do futuro da distribuição logística, traçando um paralelo sobre a evolução das tecnologias e os processos de distribuição. O assunto é tão importante que uma das maiores empresas do mundo do segmento de logística e distribuição encomendou uma pesquisa com grandes especialistas para prever com o menor risco possível o ambiente logístico em 2050. Todos de olho no futuro!

Questões para revisão

1. William Edwards Deming foi um estatístico, professor universitário e escritor americano. É de sua autoria a seguinte frase: "Não se gerencia o que não se mede; não se mede o que não se define; não se define o que não se entende; não há sucesso no que não se gerencia".
Explique o que Deming quis dizer com essa frase.

2. Embora não exista uma receita de bolo para a elaboração de indicadores, algumas recomendações devem ser seguidas para que eles sejam eficazes quanto aos objetivos estabelecidos. Analise as alternativas a seguir e assinale V para verdadeiro e F para falso no que diz respeito a como devem ser os indicadores:
( ) Viabilidade: medir resultados e intenções (abstração).

QUESTÕES PARA REVISÃO Com estas atividades, você tem a possibilidade de rever os principais conceitos analisados. Ao final do livro, o autor disponibiliza as respostas às questões, a fim de que você possa verificar como está sua aprendizagem.

---

5. Com o propósito de cada vez mais distribuir bens e serviços para a maior quantidade possível de consumidores e com alto nível de serviço, faz-se necessário conhecer as estruturas dos canais de distribuição. Entre os canais estudados está o denominado *canal híbrido*. Com base em nossos estudos, responda as questões a seguir:
a) Como funciona um canal híbrido?
b) Quais são suas vantagens e desvantagens?

Questões para reflexão

1. Neste livro, foi utilizado um conceito de *marketing* para contextualizar a importância dos canais de distribuição: os 4Ps. Dentro desse contexto envolvendo produto, preço, promoção e ponto de venda (distribuição), qual é a percepção do cliente quanto à distribuição do produto e o papel dos intermediários?

2. Quando tratamos sobre os intermediários nos canais de distribuição, foi sugerida uma comparação entre os métodos de trabalho da produção com os serviços ofertados pelos intermediários. O que pode ser aplicado dos métodos de produção nos serviços dos intermediários nos canais de distribuição?

3. Em nossos estudos, foram abordados três principais canais utilizados na distribuição de produtos: canais verticais, canais híbridos e canais múltiplos. Com a evolução constante da tecnologia e com clientes cada vez mais exigentes, quais outros canais de distribuição poderiam ser criados?

QUESTÕES PARA REFLEXÃO Nesta seção, a proposta é levá-lo a refletir criticamente sobre alguns assuntos e a trocar ideias e experiências com seus pares.

ESTUDO DE CASO Esta seção traz para seu conhecimento situações que vão aproximar os conteúdos estudados de sua prática profissional.

Estudo de caso

Quando temos que decidir onde localizar um armazém em um determinado canal de distribuição, aumentam-se exponencialmente as variáveis. Assim, nem sempre é possível tomar uma decisão baseado apenas em fatos positivos. Essa é a vida real, ou seja, ganhamos de um lado e perdemos do outro. Para entender essa relação entre perdas e ganhos, usamos o conceito de *trade-off* em distribuição.

Definido o local para instalação e os modais de transporte, partimos para outra questão: Como ser eficaz no quesito transporte, que é o maior custo nos sistemas logísticos? Vimos, assim, que, na otimização dos custos, a roteirização nos processos de distribuição é fundamental.

Por fim, destacamos a influência da tecnologia da informação, apresentando os principais aplicativos e *softwares* que estão alterando a forma de trabalho dos processos logísticos e, consequentemente, da distribuição.

Estudo de caso

Por falar em tecnologia, o caso em questão demonstra como a utilização de recursos tecnológicos proporciona ganhos fantásticos na distribuição física de materiais. O fato aqui apresentado ocorreu há alguns anos em uma indústria do setor de telecomunicações. A empresa fornecia um determinado produto, denominado *Kit Antena Offset DTH*, para todo o Brasil, porém estava enfrentando problemas como a falta de uma rastreabilidade eficaz, dificuldade na manutenção dos termos de garantia e conflitos com produtos piratas.

O produto era distribuído por diversos canais (grandes distribuidores, varejistas e representantes) em caixas de papelão com quatro unidades. Para resolver o problema, foi inserida uma etiqueta com código de barras na lateral da caixa de papelão. No ato da expedição do produto, um leitor de código de barras fazia a leitura e os dados seguiam eletronicamente para uma lista que, posteriormente, era atrelada à nota fiscal.

Caroline Brasil • Roberto Pansonato

PARA SABER MAIS Você pode consultar as obras indicadas nesta seção para aprofundar sua aprendizagem.

Para saber mais

Neste capítulo, verificamos os canais de distribuição de forma geral, com seus objetivos e suas funções e os vários tipos de estrutura. No entanto, no cotidiano das empresas, surgem obstáculos e problemas que, uma vez estudados, servirão como lição aprendida para o profissional que atua nessa área.

Nesse sentido, acesse o texto da *Revista Logística & Supply Chain*, do Imam (Instituto de Movimentação e Armazenagem de Materiais). Nesse texto, é possível compreender as dificuldades do processo logístico de distribuição de alimentos perecíveis. Boa leitura!

REZENDE, A. C. da S. Movimentação. Revista Logística & Supply Chain, 27 maio 2011. Disponível em: <http://www.imam.com.br/logistica/noticias/movimentacao/107-logistica-de-distribuicao-de-alimentos-pereciveis>. Acesso em: 16 maio 2018.

Caroline Brasil • Roberto Pansonato

Distribuição: primeiros passos

Conteúdos do capítulo:

- Introdução e contextualização da distribuição.
- Objetivos da distribuição.
- Princípios da distribuição.
- Relação da distribuição com as demais atividades logísticas.
- Nível de serviço ao cliente do ponto de vista logístico.
- Impactos da distribuição nos custos logísticos.

Após o estudo deste capítulo, você será capaz de:

1. definir distribuição e seus contextos histórico e atual;
2. diferenciar os objetivos dos princípios da distribuição e traçar um paralelo entre eles e os objetivos e princípios da logística;
3. explicar como a distribuição relaciona-se com as demais atividades logísticas;
4. determinar qual o nível de serviço ao cliente ideal para a distribuição;
5. identificar os impactos da distribuição nos custos logísticos.

ANTES DE abordarmos os canais de distribuição, precisamos entender sua relação com a logística, área da qual fazem parte, e saber qual é hoje o papel dos serviços empresariais nas corporações. Este capítulo vai de uma visão macro para uma visão micro, até chegar aos canais de distribuição, para tratar de suas características, finalidades, objetivos e tendências.

1.1 Introdução à distribuição

Qual o cenário que as empresas encontram hoje? Na maioria dos mercados, temos a presença de diversos negócios competindo por clientes e buscando gerar maior vantagem em relação aos concorrentes.

O conceito de **vantagem competitiva empresarial** pode parecer subjetivo ou difícil de mensurar, porém os autores Barney & Hesterly (2007) conseguiram defini-lo de forma simples:

> Em geral, uma empresa possui vantagem competitiva quando é capaz de gerar maior valor econômico do que empresas rivais. O valor econômico é simplesmente a diferença entre os benefícios percebidos ganhos por um cliente que compra produtos ou serviços de uma empresa e o custo econômico total desses produtos ou serviços. Portanto, o tamanho da vantagem competitiva de uma empresa é a diferença entre o valor econômico que ela consegue criar e o valor econômico que suas rivais conseguem criar. (Barney; Hesterly, 2007, p. 10)

Essa definição destaca a importância da percepção do cliente para que uma empresa tenha vantagem competitiva sobre outra. Na Figura 1.1, vemos a vantagem competitiva da Empresa I quando esta cria maior valor percebido pelo cliente:

Figura 1.1 Mensuração da vantagem competitiva

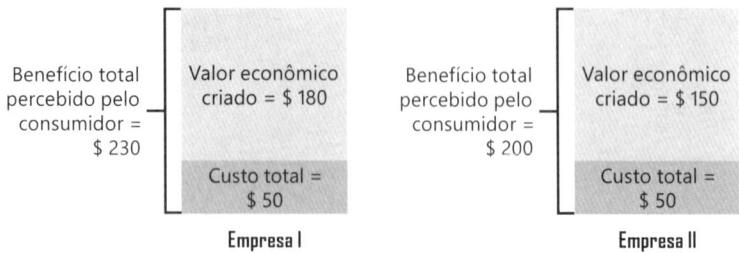

Fonte: Barney; Hesterly, 2007, p. 11.

A Figura 1.1 apresenta um mesmo custo para duas empresas concorrentes. É um fato muito comum, pois as empresas, em geral, estão trabalhando com custos no limite mínimo. Porém, a Empresa I conseguiu criar maior valor para seu cliente. Assim, acabou tendo um resultado melhor e, consequentemente, maior vantagem competitiva em relação à Empresa II.

> **IMPORTANTE!**
>
> Essa criação de valor para o cliente muitas vezes é conseguida pelas empresas através da diferenciação e dos serviços oferecidos, os quais contribuem para aumentar sua competitividade. É pelos serviços que conseguem se diferenciar em relação aos concorrentes, assim como conquistar clientes e fidelizá-los.

Os produtos são, em geral, muito parecidos, independentemente da marca que os produz. Alguns fatores contribuem para isso, dentre os quais podemos citar: materiais, desempenho, funcionalidade e durabilidade. Isso quer dizer que os produtos concorrentes possuem materiais similares em sua composição, com desempenho, durabilidade e funcionalidade similares. No mercado, é fácil encontrarmos produtos de marcas diferentes que são muito parecidos um com o outro.

O desenvolvimento industrial ao longo dos anos possibilitou essa equiparação entre os produtos.

Razzolini Filho (2012, p. 62) ressalta essa igualdade entre os produtos, com a diferenciação ocorrendo por meio dos serviços:

> Os clientes/consumidores estão cada vez mais dispostos a aceitar produtos substitutos, a experimentar novos produtos disponíveis no mercado; até mesmo as diferenças tecnológicas foram reduzidas (quando não eliminadas), de tal forma que ficou ainda mais difícil manter uma posição competitiva por meio do próprio produto. Diante desse novo quadro, é o serviço oferecido ao cliente/consumidor que pode estabelecer o diferencial entre a oferta de uma organização e a de seus concorrentes.

Um dos fatores que mais contribuiu para a redução das diferenças tecnológicas e a equiparação produtiva entre as empresas foi a globalização. Hoje, não importa o país dos fornecedores, as empresas têm acesso relativamente simples a seus materiais. No Brasil, antes da década de 1990, apenas as grandes empresas com capital conseguiam trabalhar com materiais importados e passavam a ter isso como diferencial competitivo. Por vezes, chegavam a se acomodar em suas posições de destaque. Hoje, o ritmo empresarial é tão intenso que as empresas não podem mais agir dessa maneira, pois seriam eliminadas pela concorrência.

Valeriano (2001, p. XVII) aborda exatamente essa situação de facilidade de compra, seja para pessoas físicas, seja para jurídicas: "não há grandes segredos: desaparece a influência de fornecedores locais. A qualquer momento, qualquer um de nós pode adquirir um produto, de qualquer parte do mundo, pelo comércio eletrônico, ainda que concorrente do nosso vizinho ao lado".

Um tênis da marca A é fisicamente similar ao da marca B na aparência, na qualidade de material, na durabilidade e no preço. As diferenças entre as marcas estão na percepção de valor por parte do cliente e na disponibilidade do produto no momento da compra. O fator da disponibilidade será abordado em detalhes ao longo deste livro.

Outro exemplo é da indústria automobilística. Encontramos automóveis similares em relação ao motor, à aparência e até mesmo à vida útil das peças, porém, o que acaba diferenciando uma marca da outra são os serviços que oferecem, como garantias maiores, suporte *on-line* ou clube de benefícios. A imaginação, as disponibilidades financeiras e de pessoal e o alcance geográfico das empresas são os limites.

> **Importante!**
>
> Os métodos produtivos das empresas são similares e acabam produzindo produtos similares. A diferenciação entre as empresas ficará por conta dos serviços oferecidos. É justamente nesse ponto que entra a logística. Atuando em parceira com o *marketing*, ela será capaz de gerar a competitividade que as empresas tanto buscam.

Agora, deixamos a visão empresarial macro (mercado) para focar na empresa (setores), mais precisamente na logística. Trata-se de um dos setores responsáveis pelos serviços empresariais que auxiliam na competitividade.

Visualizar a logística como fator gerador de vantagem competitiva é o primeiro passo para entender os canais de distribuição. Primeiro, trataremos da distribuição como um todo, com seus objetivos, princípios e relação com as demais atividades logísticas.

É importante termos em mente quais são as principais atividades logísticas e suas funções. O Quadro 1.1 dá essas descrições.

Quadro 1.1 Atividades e funções da logística

Atividades	Descrição de sua função
Processamento de pedido	Cuida do fluxo de informações e dos documentos. A atividade logística começa com o pedido do cliente.
Gerenciamento de transporte	É responsável pelo planejamento, escolha do modal, roteirização e acompanhamento.
Gestão dos estoques	Atende às demandas com regularidade.
Armazenagem	Gerencia os espaços físicos para os produtos.
Movimentação dos materiais	Toma conta do fluxo interno de produtos.
Embalagem	Procura ser adequada para a manutenção das características dos produtos e para facilitar seu manuseio.
Compras	Planeja, contrata e acompanha fornecedores.
Suprir à produção	Atende às necessidades das linhas de produção.
Sistema de informação	Controla todas as atividades, gerando indicadores e históricos para a tomada de decisão.

Fonte: Elaborado com base em Gonçalves, 2013, p. 10-12.

A execução dessas atividades influencia diretamente os fluxos logísticos. Assim, para complementar o entendimento do quadro, observe a Figura 1.2, que apresenta esses fluxos.

Figura 1.2 Fluxos logísticos

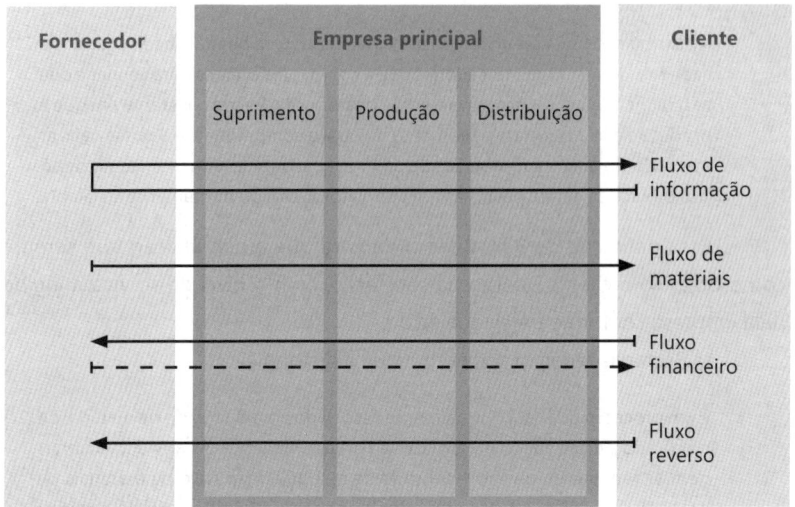

Fonte: Campos; Brasil, 2013, p. 44.

Na Figura 1.2, a maioria das atividades logísticas está relacionada ao fluxo de materiais e abastece constantemente o fluxo de informações. O fluxo de materiais e o fluxo reverso só poderão ser operacionalizados através da distribuição. Isso porque é essa atividade logística que levará os produtos de uma ponta a outra da cadeia de suprimentos, ou seja, do fornecedor ao cliente final. Também é por meio dessa atividade que teremos os materiais circulando dentro das cadeias produtivas, tanto no que se refere ao fluxo de materiais (regular ou reverso) quanto ao fluxo de bens acabados.

Para a logística, o sucesso na execução das atividades e o bom andamento de seus fluxos serão responsáveis pela competitividade gerada. De nada adianta os estoques estarem bem planejados se a distribuição não ocorrer de forma satisfatória. A distribuição será a grande responsável pela operacionalização dos fluxos logísticos.

Já temos em mente a importância da logística como um serviço capaz de gerar vantagem competitiva para as empresas. Agora, estamos começando a visualizar a importância da distribuição dentro da logística, como forma de possibilitar o sucesso de suas atividades.

Vamos, a seguir, analisar três visões de diferentes autores sobre a conceituação de **distribuição**.

A primeira definição é a de Ballou (2012, p. 40):

> A distribuição física preocupa-se principalmente com bens acabados ou semiacabados, ou seja, com mercadorias que a companhia oferece para vender e que não planeja executar processamentos posteriores. Desde o instante em que a produção é finalizada até o momento no qual o comprador toma posse dela, as mercadorias são responsabilidade da logística, que deve mantê-las no depósito da fábrica e transportá-las até depósitos locais ou diretamente ao cliente.

Essa definição de Ballou (2012) mostra que a distribuição tem sempre como objetivo o cliente final e sua satisfação, com o nível de serviço atingido pela empresa conforme preestabelecido.

Já Bertaglia (2009, p. 33) afirma que a distribuição

> é um processo que está normalmente associado ao movimento de material de um ponto de produção ou armazenagem até o cliente. As atividades abrangem as funções de gestão e controle de estoque, manuseio de materiais ou produtos acabados, transporte, armazenagem, administração de pedidos, análises de locais e redes de distribuição, entre outras.

Para Bertaglia (2009), todas as atividades logísticas têm relação direta com a operacionalização da distribuição, enquanto Ballou (2012) afirma a importância do cliente final – ou seja, ao executar essas atividades, o principal objetivo é atender às necessidades do cliente final.

A terceira definição é de Novaes (2003, p. 107-108, grifos do original):

> Os especialistas em logística denominam de **distribuição física de produtos**, ou resumidamente **distribuição física**, os processos operacionais e de controle que permitem transferir os produtos desde o ponto de fabricação, até o ponto em que a mercadoria é finalmente entregue ao consumidor. [...] Assim, os responsáveis pela distribuição física operam elementos específicos, de natureza predominantemente material: depósitos, veículos de transporte, estoques, equipamentos de carga e descarga, entre outros.

Com base nas ideias desses três especialistas em logística, podemos, enfim, elaborar uma definição própria de *distribuição*.

> **IMPORTANTE!**
>
> A distribuição é responsável por movimentar as mercadorias (matérias-primas, insumos e produtos acabados) dentro da cadeia de suprimentos e para o cliente final. É responsável por realizar a interligação entre os processos das empresas envolvidas, de forma harmônica, fundamental para o atendimento ao cliente final. Envolve atividades como movimentação, transporte e controle. É também responsabilidade da distribuição manter íntegras as características dos produtos armazenados e distribuídos.

Com base nessa visão da logística no mercado e da distribuição na logística, vamos detalhar o processo de distribuição em si – a começar por seus objetivos e princípios.

1.2 Objetivos da distribuição de produtos

Primeiramente, falamos em *distribuição de produtos*, pois conceitualmente não temos como distribuir serviços. Segundo Paixão (2014, p. 64-65), **serviços** são

> ações ou atividades que uma empresa desempenha, nos quais existe a interação direta entre os funcionários da prestadora de serviço e consumidores atendidos [...] O serviço é uma mercadoria comercializável isoladamente, ou seja, um produto intangível, que não se pega, não se cheira, não se apalpa, geralmente não se experimenta antes da compra.

Vejam que, como a própria autora citou, o serviço é **intangível**. Embora alguns serviços possam ter uma etapa que envolva distribuição – se precisam de materiais de suporte para serem executados –, ela só é realizada com produtos.

Sendo assim, a distribuição é física e somente de produtos. De posse dessa delimitação, podemos analisar os objetivos da distribuição. Em primeiro lugar, notamos que eles são muito similares aos objetivos da logística – e, claro, não poderia deixar de ser dessa maneira. Como a distribuição é uma das atividades logísticas, os objetivos devem estar em sintonia.

Observamos que, independentemente do produto considerado, podemos identificar seis objetivos gerais da distribuição:

1. Atender às necessidades dos clientes.
2. Estar presente e disponível aos clientes.
3. Garantir nível de serviço ao cliente.
4. Intensificar potencial de comercialização.
5. Alimentar o fluxo de informações.
6. Otimizar recursos para redução de custos.

A seguir, explicamos de maneira breve cada um desses objetivos e indicamos como eles podem ser atingidos pelas empresas.

Atender às necessidades dos clientes

A distribuição deve estar em busca de atender às necessidades dos clientes, tanto internos (abastecimento de linha de produção) quanto externos (cliente final, consumidor). Esse atendimento deve estar relacionado às expectativas do cliente no que se refere a tempo, custo, local de entrega e manutenção das características dos produtos. Esses quatro itens devem ser cumpridos para que haja satisfação para o cliente.

Podemos considerar o seguinte exemplo: uma empresa consegue realizar a entrega no tempo que o cliente gostaria, no local e preço combinados, porém, entrega o produto quebrado! Pronto, de nada adiantou o cumprimento de três dos quatro objetivos, pois certamente houve insatisfação. No caso, isso pode ter sido originado por um problema de embalagem ou modal inadequado.

Para que as necessidades dos clientes sejam atingidas, todos os aspectos devem ser cumpridos com sucesso – com planejamento e conhecimento de seu produto. Dessa forma, a distribuição pode ser arquitetada e os resultados, alcançados.

A boa execução dessas atividades tem a ver com o cumprimento do *lead time* da operação. De acordo com Andreoli e Ahlfeldt (2014, p. 197):

> O *lead time* de um produto a ser comprado é o tempo decorrido entre a liberação da ordem e o recebimento e a disponibilização do produto para a produção. Por outro lado, o *lead time* de um produto resultante de um

processo de transformação é o tempo decorrido entre a liberação da ordem de produção e a obtenção do produto. É importante a compreensão de que cada produto e cada etapa (compra, produção e distribuição) têm um *lead time* próprio e que o tempo total para a obtenção de um produto final [...] é a soma de cada *lead time* que constituiu esse produto.

A busca pela redução do *lead time* é mais um item que auxilia a logística a reduzir custos e a aumentar a competitividade. Com um bom acompanhamento, monitoramento e busca de redução do *lead time* total, a empresa torna-se mais apta a atender às necessidades dos clientes. Essa busca deve marcar cada uma das etapas envolvidas: compras, produção e distribuição, já que cada uma terá sua parcela de impacto em relação ao total.

Estar presente e disponível aos clientes

Estar presente em diferentes áreas está relacionado ao conceito de *market share*, definido pelo *marketing* e operacionalizado pela distribuição. Aqui, é fundamental que ambos os setores estejam em sintonia no que se refere à troca de informações e ao conhecimento do planejamento a ser executado.

Entende-se por *market share* a fração de uma empresa no mercado em termos de venda, sendo que "quanto maior a participação de mercado (*market share*) de um produto, ou quanto mais rápido o produto cresce, tanto melhor para a empresa" (Chiavenato, 2014, p. 115).

Consequentemente, quanto maior for a presença da empresa no mercado em questão, maior valor ela possui em relação a seus concorrentes e maior a probabilidade de ela ser a líder de mercado, posição constantemente perseguida pelas empresas.

Em geral, é o *marketing* que definirá o percentual de mercado que quer atingir, sendo que a distribuição se encarregará de cumprir, ou estar presente, nesses locais com a eficiência necessária. É muito importante que a troca de informações entre os dois setores seja de forma clara, para que ambos possam se planejar e atender a essa necessidade. Quanto maior o percentual de mercado que a empresa quer atingir, maior deverá ser a capilaridade da distribuição e seu poder de alcançar os diversos locais.

Garantir nível de serviço ao cliente

Um dos principais objetivos da distribuição é o de garantir o nível de serviço ao cliente. Detalharemos esse assunto ainda neste capítulo. Agora, é possível adiantar que a empresa busca atender 100% o nível de serviço esperado pelo cliente.

Intensificar potencial de comercialização

O objetivo de intensificar o potencial de comercialização dos produtos está diretamente relacionado com os canais de distribuição. É por meio da boa localização e do abastecimento adequado dos canais de distribuição que se torna possível explorar ao máximo cada ponto de comercialização. Esses pontos são também definidos pelo *marketing*, sendo que a execução desse planejamento fica a cargo da logística, mais especificamente da distribuição.

Cada ponto determinado para comercialização deve ser utilizado em sua plenitude de forma a maximizar resultados. Por exemplo, um varejo tem capacidade de comercializar 100 unidades semanais de determinado produto no bairro A e 160 unidades semanais no bairro B. As embalagens dos produtos são em caixas com 50 unidades cada. A distribuição deve trabalhar de forma a abastecer cada um dos pontos com a capacidade máxima de comercialização. Não pode tratar os dois da mesma forma, pois correria o risco de ver o produto faltar em um ponto e sobrar em outro. Se faltar, perderá vendas e o ponto não estará sendo bem utilizando, ficando a mercê dos concorrentes; se sobrar, terá prejuízo com produto parado sem rotatividade. E, se esse produto for perecível, existe o problema do prazo de validade – o item estraga e é perdido.

Demos um exemplo bem simples, mas de fácil visualização desse quarto objetivo da distribuição. Logicamente, vários são os fatores que devem ser considerados para seu planejamento, mas deve ficar claro que a potencialização da comercialização é um dos objetivos a ser alcançado.

Alimentar o fluxo de informações

A rastreabilidade da distribuição é um dos pontos com maior relevância para o cliente final e também para a empresa. O cliente final passa a ter informações sobre seu produto e a previsão de entrega. Já a empresa, de posse dessas informações, acompanha a execução do serviço e pode interferir caso algo fora do previsto aconteça.

Para que essa rastreabilidade seja possível, é fundamental que as informações lançadas no sistema sejam confiáveis, precisas e com divulgação em tempo real. Fazemos aqui uma ressalva importante: mencionamos *sistema*, mas não apenas no sentido do uso de um *software*, já que o fluxo de informações pode ser abastecido manualmente. Contudo, é evidente que a tecnologia da informação nos permite o processamento de um maior número de informações, com maior velocidade e disponível àqueles que têm interesse. Cada componente da cadeia de suprimentos tem acesso às informações que precisa para executar sua atividade. Nada impede, porém, que não seja utilizado um sistema, pois, no mundo conectado de hoje, os sistemas ajudam as empresas em todos os sentidos.

Essa responsabilidade de alimentar o fluxo de informações é da distribuição, conforme as atividades são desenvolvidas ao longo do tempo. Também é muito importante a comunicação entre as diversas empresas que atuam no processo, tanto com fornecedores quanto com clientes.

O fluxo de informações tem influência direta da comunicação empresarial. Conforme Matos (2014, p. 110):

> Comunicação empresarial é a relação da empresa com seu público interno e externo, envolvendo um conjunto de procedimentos e técnicas destinados à intensificação do processo de comunicação e à difusão de informações sobre as suas atuações, resultados, missão, objetivos, metas, projetos, processos, normas, procedimentos, instruções de serviço etc. É um recurso estratégico de gestão que, quando bem aproveitado, pode garantir o funcionamento coeso, integrado e produtivo da empresa, ou seja, a comunicação tem todo potencial para ser uma vantagem competitiva ou um enorme problema.

Observe que a comunicação acontece dentro e fora da empresa, com seus clientes e fornecedores. O fato é que apenas uma comunicação direta e transparente, com informações confiáveis, disponibilizadas no momento necessário, é que garante o sucesso das transações.

OTIMIZAR RECURSOS PARA REDUÇÃO DE CUSTOS

Da mesma forma que a logística é mais eficiente na redução de custos que na geração de receita, a distribuição também o é. Sendo assim, para reduzir os custos em suas operações, primeiramente é fundamental que o produto (características, vulnerabilidades, fragilidades etc.) e o cliente (principalmente suas expectativas) sejam bem conhecidos.

De posse dessas informações, a distribuição pode ser planejada para utilizar os modais disponíveis da melhor forma, assim como armazéns, centros de distribuição, terceiros e operadores logísticos, quando necessários. É assim, por meio do planejamento, que os recursos disponíveis serão otimizados para que haja a redução de custos.

> **Importante!**
>
> Conhecendo esses seis objetivos principais, passamos a visualizar melhor o que norteia as atividades da distribuição. Lembre-se de que a empresa pode optar por uma distribuição terceirizada ou própria, mas, independentemente dessa escolha, os objetivos serão os mesmos. Porém, caso a empresa opte por uma distribuição terceirizada, deve ser incluído um ponto a mais: comunicação com a empresa contratada.

Finalizamos, assim, os objetivos da distribuição. Abordaremos, na sequência, os seus princípios.

1.3 Princípios da distribuição

Os princípios da distribuição são similares ao da logística como um todo. Porém, a primeira se concentra apenas na atividade de distribuição, enquanto os princípios logísticos englobam também as demais atividades logísticas.

Antes de abordarmos os princípios da distribuição, é importante apontar as diferenças entre *objetivos* e *princípios*.

> "**Objetivo**: meta ou alvo que se quer atingir; finalidade" (Michaelis, 2013, p. 614).
>
> "**Princípio**: fundamento, base. Regra, preceito" (Michaelis, 2013, p. 696).

Enquanto um se refere à meta (objetivo), o outro se refere aos fundamentos (princípios). Para alcançar objetivos, precisamos ter nossos princípios de distribuição claramente definidos – eles vão nos direcionar no caminho para atingir metas. Logicamente, cada empresa terá sua forma de trabalhar e estabelecer metas e princípios, mas, em geral, esses princípios têm características similares, independentemente do ramo, razão por que é possível defini-los.

É possível dizer que todas as atividades da distribuição estão relacionadas aos seguintes princípios:

Planejamento

É o princípio norteador, pois, sem ele, as atividades podem ser desordenadas. Quando é necessário o uso de um modal terceirizado, por exemplo, o planejamento é fundamental para que ele esteja disponível na data prevista. Em alguns casos, é necessário solicitar a reserva com antecedência ao transportador, e isso só é possível com planejamento.

Controle

Ocorre em duas situações: controle da atividade atual e manutenção do histórico. Ambos estão relacionados ao gerenciamento de informações e precisam ser confiáveis. O controle atual já foi descrito nos objetivos ao tratarmos da rastreabilidade. O histórico é fundamental para que se saiba o que está fora do comum – como situações que acontecem com frequência no dia a dia e não são percebidas. É importante que o histórico seja mantido e frequentemente analisado.

Melhorias

Podem ser implementadas em dois momentos: no processo e na diferenciação. As melhorias de processos estão diretamente relacionadas à análise do histórico. Com base nele, é possível identificar pontos a serem aprimorados. As melhorias de diferenciação estão relacionadas às atividades que podem ser realizadas pela distribuição e que agregam valor ao produto. Por exemplo: os centros de distribuição podem realizar a consolidação dos pedidos ou a customização final do produto (como cores de tinta que são preparadas no varejo) e até mesmo identificar produtos com etiquetas e embalagens específicas. Para tanto, a distribuição deve estar em harmonia com os demais setores da empresa.

> **IMPORTANTE!**
>
> É com base nesses princípios que as atividades da distribuição serão realizadas para que os objetivos sejam alcançados. Claro que, muitas vezes, as empresas adicionam valores a esses princípios, principalmente os relacionados à sua missão e à sua visão.

Nesse aspecto de busca de melhorias, a distribuição também identificará as formas de entrega que adotará em relação a cada cliente. Para alguns, a entrega será de forma direta; para outros, de forma programada; e ainda, para outros, até mesmo de maneira ocasional. Cada um será tratado de forma personalizada a fim de melhorar o atendimento às suas necessidades.

1.4 Relação da distribuição com as demais atividades logísticas

Chegou o momento de demonstrarmos a importância de termos em mente como a logística se inter-relaciona com os demais setores da empresa, afetando as atividades da distribuição. Muitas informações que a logística precisa são oriundas de outros setores – como vendas e local de entrega.

De maneira clara e direta, é possível identificar o relacionamento da logística com o *marketing* e com a produção. Enquanto o *marketing* determina locais de distribuição, a logística operacionaliza. O *marketing* determina o produto e a logística armazena. Já a relação com a produção é no sentido do abastecimento da linha e fornecedores (atividades que estão a cargo da logística).

A Figura 1.3 mostra a relação entre o *marketing* e a logística no que se refere às atividades envolvidas e aos esforços de cada área para atender às necessidades dos clientes.

Figura 1.3 Atividades de *marketing* e atividades de logística

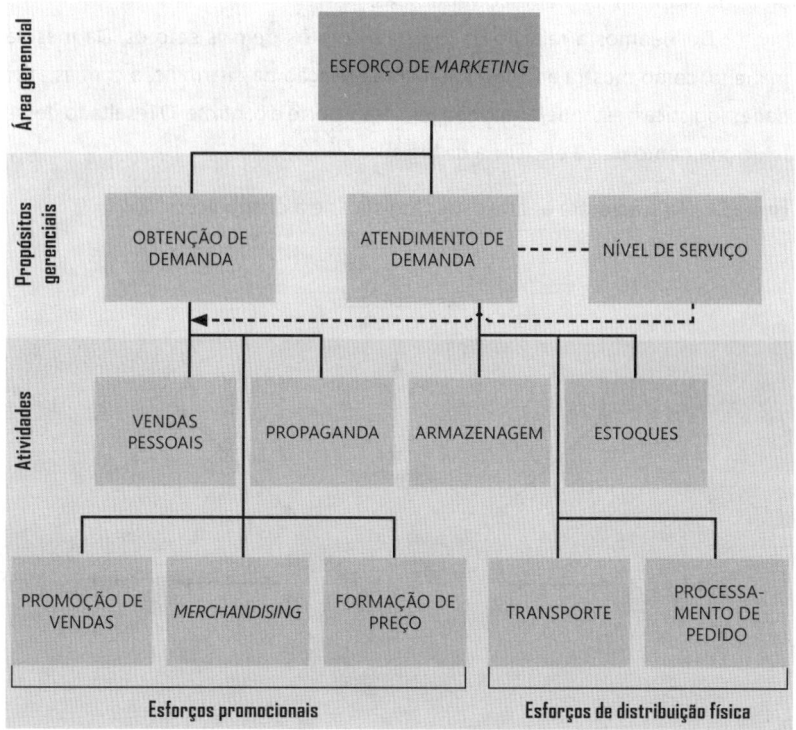

Fonte: Ballou, 2012, p. 50.

Pela análise da Figura 1.3, percebe-se que um mesmo resultado de vendas da empresa apresenta atividades diferenciadas para cada uma das duas áreas, levando-se em consideração o atendimento ao cliente e alcançando o nível de serviço. É importante considerar nessa análise que, ao mencionarmos *armazenagem*, fazemos referência à matéria-prima e aos insumos; e que *estoques* têm a ver com os produtos acabados.

O relacionamento da logística com o financeiro, os recursos humanos e o planejamento é indireto – porque as disponibilidades, determinações e escolhas desses três últimos setores vão interferir nas atividades da primeira no médio e no longo prazo.

Mesmo em empresas de pequeno porte, que muitas vezes não têm uma divisão clara de setores, as atividades da logística são perceptíveis, desde que haja uma gestão eficiente, assim como as relações da logística com as demais áreas da empresa também são verificadas. Delineamos a relação da logística com os demais setores. Da mesma maneira, como mostra a Figura 1.4, há uma relação da distribuição com as atividades logísticas: estoque/armazenagem, transporte e controle. O resultado desse relacionamento dita a eficiência da logística.

Figura 1.4 Relação entre as atividades logísticas e a distribuição

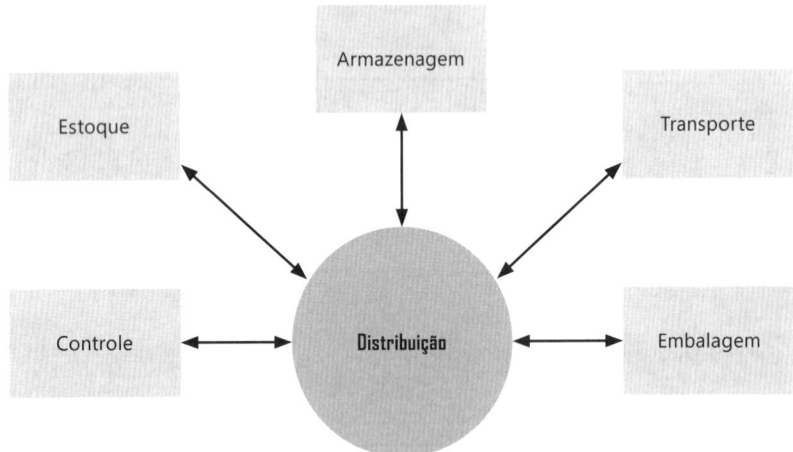

Disponibilizar o produto correto, no local correto, no prazo correto e ao menor custo possível para a empresa são exigências que determinam a eficácia da logística. Quando elas são atendidas, o comprador fica satisfeito e o nível de serviço é atendido. Qualquer falha nesse processo pode ser motivo para o cliente optar por outra empresa, não importa como os demais setores (financeiro e recursos humanos, por exemplo) estão trabalhando. Assim, o peso das atividades logísticas passa a ser significativo e crucial na satisfação ou frustação do consumidor.

Importante!

Para que a distribuição ocorra de forma a gerar satisfação, é preciso que esteja em sintonia com as demais atividades logísticas. São necessárias harmonia e sincronia entre as atividades.

1.5 Nível de serviço ao cliente

Nível de serviço ao cliente é uma expressão que pode ser utilizada por qualquer setor da empresa, para mensurar se a expectativa do cliente, interno ou externo, está sendo atendida. Porém, é muito comum ver essa expressão ser usada no *marketing*.

Mas o que seria nível de serviço ao cliente? De uma forma muito simples, podemos definir como o atendimento às necessidades e expectativas daquele que é atendido. Essa definição é simples, mas sua execução com êxito é complexa.

Conforme Ballou (2012, p. 91), o nível de serviço é

> uma das razões do esforço logístico. Ele tem muitas dimensões, mas, para o especialista da área, a média e a variabilidade do tempo de preenchimento e entrega do pedido, a exatidão com que os pedidos são preenchidos e as condições com que os produtos chegam são suas principais incumbências. Estes são os elementos do nível de serviço que costumam estar sob o controle da logística [...].

Vários fatores podem interferir tanto na necessidade do cliente quanto em sua expectativa. Os clientes não têm necessidades constantes e, ao longo do tempo, elas oscilam, até mesmo por causa de necessidades anteriores atendidas. Isso é percebido com clareza na Pirâmide de Maslow (Figura 1.5).

Figura 1.5 Pirâmide de Maslow

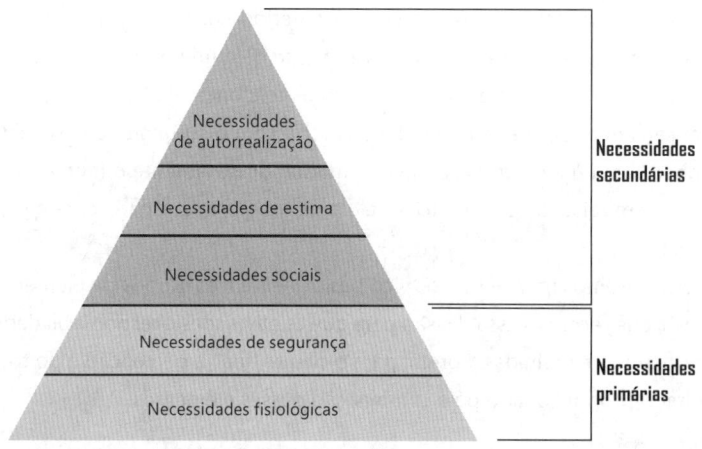

Fonte: Chiavenato, 2016, p. 121.

Em muitas situações, as necessidades primárias são atendidas de forma simultânea com uma necessidade secundária. Algumas necessidades são constantes e inerentes ao ser humano – comer, por exemplo. As pessoas se alimentam hoje e precisam se alimentar amanhã e depois de amanhã, e assim até o fim de suas vidas. Como as empresas exploram essas necessidades é o fator crucial para aumentar a vantagem competitiva.

Também é relevante que a empresa conheça em que situação da pirâmide de Maslow seus clientes estão, pois assim poderá atender melhor às suas expectativas. Caso um cliente esteja buscando uma necessidade de estima, é dessa forma que a empresa deverá trabalhar, inclusive nas atividades logísticas. Se a necessidade é de segurança, esse será o aspecto a ser explorado e garantido pela empresa em suas atividades.

Apenas dessa forma é que o nível do serviço ao cliente poderá ser atendido de maneira plena, com conhecimento da necessidade, expectativa e planejamento para o atendimento.

Outro fator que pode ser observado é que a expectativa do cliente em relação a um produto ou serviço pode ser alterada de acordo com o que está sendo oferecido pelo mercado. Dependendo do que as empresas concorrentes – principalmente aquelas que são consideradas pioneiras em sua área – ofertam aos clientes, as expectativas destes serão moldadas.

Em relação à necessidade a ser atendida, o exemplo que podemos dar é o de quando a pessoa compra uma casa. Em seguida, novas necessidades surgem: mobiliar, equipar ou reformar. A necessidade anterior, a busca pelo imóvel, deixa de existir. Outra situação, para exemplificar o caso de mudança no mercado por lançamento de produtos, é quando surgiram os telefones celulares. As pessoas estavam satisfeitas com a telefonia fixa, porém, com o surgimento dos celulares, conheceram uma nova realidade que mudou drasticamente o mercado e a expectativa em relação ao produto. A telefonia fixa perdeu espaço para a nova tecnologia.

Encontramos no nível de serviço basicamente três grupos de elementos (Figura 1.6), que recebem essa divisão para que as atividades e responsabilidades fiquem claramente definidas. Porém, para o cliente final, a percepção é do todo, do resultado proporcionado pela combinação desses elementos.

Figura 1.6 Grupos de elementos do nível de serviço

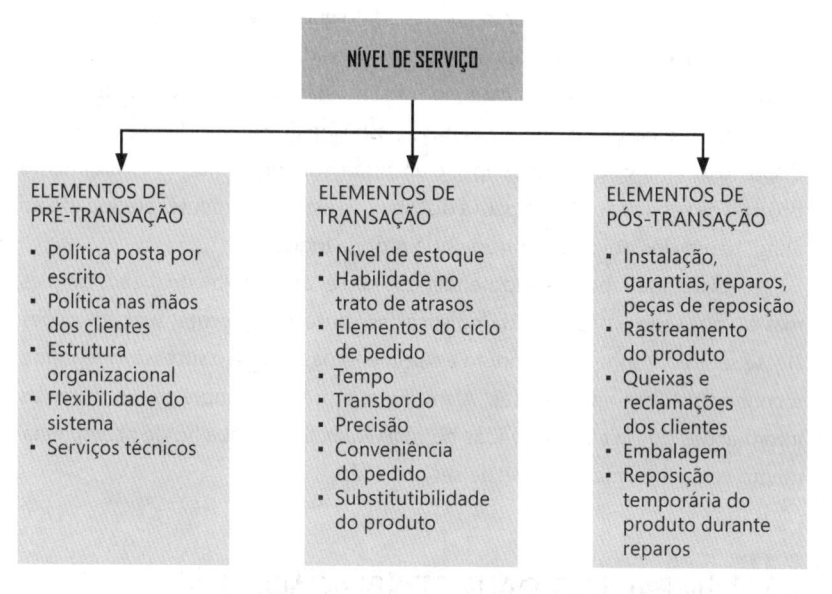

```
                        NÍVEL DE SERVIÇO
    ┌─────────────────────────┼─────────────────────────┐
    ▼                         ▼                         ▼
```

ELEMENTOS DE PRÉ-TRANSAÇÃO	ELEMENTOS DE TRANSAÇÃO	ELEMENTOS DE PÓS-TRANSAÇÃO
• Política posta por escrito • Política nas mãos dos clientes • Estrutura organizacional • Flexibilidade do sistema • Serviços técnicos	• Nível de estoque • Habilidade no trato de atrasos • Elementos do ciclo de pedido • Tempo • Transbordo • Precisão • Conveniência do pedido • Substitutibilidade do produto	• Instalação, garantias, reparos, peças de reposição • Rastreamento do produto • Queixas e reclamações dos clientes • Embalagem • Reposição temporária do produto durante reparos

Fonte: Ballou, 2012, p. 75.

IMPORTANTE!

As empresas buscam sempre oferecer 100% do nível de serviço ao cliente, independentemente do grupo de elementos mobilizados por uma transação. Quando essa meta é atingida, significa que a empresa atendeu à necessidade e à expectativa do cliente em sua totalidade, em relação ao produto e/ou serviço.

Dois fatores são importantes aqui: conhecer a necessidade e a expectativa do cliente e mensurar se elas foram atendidas. É nesse ponto que está o grande desafio do nível de serviço ao cliente. Para ter essas informações, o relacionamento com o cliente é fundamental, assim como conhecer e estar próximo dele e acompanhar alterações em suas necessidades e expectativas.

Para a logística e, consequentemente, para a distribuição, podemos adaptar o conceito de nível do serviço ao cliente da seguinte forma: entregar o produto correto, no local esperado, na data e com o preço combinados.

Teoricamente, é simples de se atender em 100% o nível de serviço ao cliente para a logística: basta entregar o produto que o cliente solicitou, com todas as suas características e funcionalidades preservadas; no local que ele escolheu no momento da compra: em casa, no trabalho, na loja etc.; no dia e no horário combinados e ao preço que ele pagou – isso significa que o cliente não estará disposto a pagar valores extras após o encerramento do pedido. O cumprimento do nível de serviço ao cliente para a distribuição está diretamente relacionado ao atingimento dos objetivos principais da própria logística.

Claro que sabemos que atender isso não é tão fácil e muito menos simples, mas é o que todo profissional da logística deve buscar ao executar suas atividades. Nesse sentido, conhecer o produto é o primeiro passo para o sucesso; o segundo é conhecer a área em que atua. Além disso, é preciso sempre ter em mãos as informações dos clientes oriundas do *marketing*. É um trabalho de acompanhamento constante, mas possível de ser realizado.

1.6 Impactos da distribuição nos custos logísticos

Foram abordados até aqui os objetivos e princípios da distribuição e também o modo como essa atividade se relaciona com as demais modalidades da logística. Neste item, exploramos o impacto que a distribuição tem nos custos logísticos.

Para tratar desse tema, é fundamental saber o que é **custo logístico**.

> Examinando-se os custos logísticos envolvidos nas diversas operações que são realizadas ao longo de uma cadeia de suprimentos, é possível elaborar uma equação genérica e simplificada que engloba a maior parcela dos custos logísticos envolvidos nas operações.
>
> Assim, de forma simplificada, porém generalizada, pode-se então escrever:
>
> Custos logísticos totais (CLT) = custo de transporte + custos de movimentação da carga (na expedição e no recebimento) + custo dos estoques em trânsito + custo do estoque médio + custo de processamento de pedidos + custo do serviço ao cliente + custos de administração + outros custos. (Gonçalves, 2013, p. 113-114)

De forma geral, todas as atividades logísticas interferem diretamente nos custos logísticos, algumas com peso maior e outras com peso menor. Mas todas devem ser contabilizadas.

Também é importante ter em mente os conceitos de compensação dos custos, custo-total e sistema-total. A **compensação de custos** está relacionada ao fato de que uma atividade interfere nos custos de outra atividade e vice-versa, de forma que, quando os custos são bem estudados, teremos um ponto ideal a ser utilizado pelas atividades envolvidas. Já o **custo-total**, como o próprio nome diz, representa o total de custos, a soma dos custos das atividades individualmente. E, por fim, o **sistema-total** procura mensurar não apenas os valores de custos envolvidos diretamente em uma atividade, mas também outros impactos que essa atividade poderá gerar. Esses três conceitos estão interligados.

De acordo com Ballou (2012, p. 47), o conceito de **sistema-total**

> é uma extensão do conceito de custo-total e é, provavelmente, um dos termos mais utilizados e mal definidos da administração de empresas hoje. Representa uma filosofia para gerenciamento da distribuição que considera todos os fatores afetados de alguma forma pelos efeitos da decisão tomada. Por exemplo, ao escolher um modo de transporte, o conceito do custo-total pode encorajar-nos a levar em conta o impacto da decisão nos estoques da empresa. Por outro lado, o conceito do sistema-total nos levaria a considerar também o impacto nos estoques do comprador.

A Figura 1.7 trata de todos esses conceitos exemplificando de que forma os custos impactam nas atividades de distribuição e armazenagem e, consequentemente, nos custos logísticos.

Figura 1.7 Custos e quantidades de armazéns

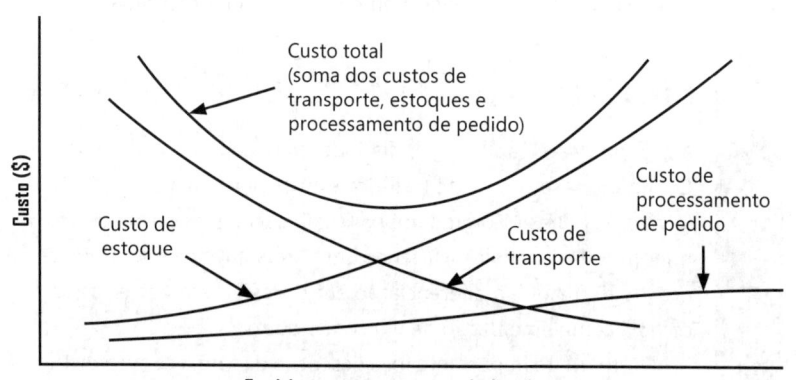

Fonte: Ballou, 2012, p. 44.

A Figura 1.7 mostra que a distribuição apresenta um ponto ótimo de custos (cruzamento entre o custo de estoque e o custo de transporte), que representa também o menor valor para o custo total. É esse ponto que será buscado pela logística, que atua de forma a reduzir custos, já que em poucos momentos pode-se aumentar as receitas. Como a operacionalização da distribuição representa um percentual elevado em relação aos custos logísticos, o impacto que ela gera nesse momento é muito grande.

O maior percentual que a distribuição gera nos custos logísticos está ligado aos volumes de mercadorias parados em armazéns e centros de distribuição ao longo da cadeia de suprimentos.

Importante!

Quanto mais as mercadorias estiverem em trânsito, ou seja, circulando na cadeia de suprimentos, menores serão os custos de distribuição. Quanto maiores os estoques parados, maiores os custos de distribuição.

O desafio no gerenciamento dos custos da distribuição e, consequentemente, na gestão dos custos logísticos, está em identificar os valores ideais, o ponto em que o benefício gerado pela execução ou investimento na atividade é o maior possível. Para as empresas, encontrar esses valores só é possível com um bom acompanhamento e conhecimento das atividades realizadas.

Síntese

Ao longo deste capítulo, foi definido o conceito de distribuição. Conhecemos seu contexto histórico e atual, principalmente no que se refere ao Brasil. Foram também estabelecidos os objetivos dos princípios da distribuição, fazendo um comparativo com os da logística, de forma que a diferenciação entre eles ficasse visível, assim como a complementação de um com o outro.

Outro ponto importante foi a descrição da forma como a distribuição relaciona-se com as demais atividades logísticas e a interferência que gera e recebe de cada uma das outras áreas.

Foi também explorado o conceito de nível de serviço ao cliente ideal para a distribuição e a forma como ele pode ser atendido, além de conferirmos quais são os impactos diretos que a distribuição gera na satisfação do cliente.

Por fim, foram descritos os impactos da distribuição nos custos logísticos totais e nas formas de gerenciamento que podem ser utilizadas pelas empresas.

Questões para revisão

1. A distribuição é uma atividade fundamental na logística e no atendimento às necessidades dos clientes. Explique de que forma o relacionamento com as demais atividades logísticas possibilita a satisfação dos clientes. E se esse relacionamento não for bem-sucedido, qual o impacto no resultado final?

2. Os objetivos da logística e da distribuição são tão parecidos que podem ser considerados os mesmos. Exemplifique quais são esses objetivos e explique por que eles não podem ser dissociados entre objetivos logísticos e objetivos da distribuição.

3. O resultado da logística pode ser mensurado pelo cálculo de seus custos. Descreva de que forma a correta interpretação do conceito sistema-total interfere na política de gestão de custos e na tomada de decisão logística.

4. Um dos conceitos mais importantes na distribuição é o de nível de serviço ao cliente. Sobre esse tema, analise as afirmativas a seguir e assinale V para as verdadeiras e F para as falsas. Depois, indique a sequência correta:
   ( ) Está diretamente relacionado ao atendimento das necessidades e expectativas dos clientes.
   ( ) As necessidades dos clientes são fáceis de serem mensuradas, pois uma vez identificadas não são alteradas.
   ( ) As empresas buscam atender em 100% o nível de serviço ao cliente, realizando um monitoramento constante para poder se adaptar às variações de mercado.

a) V, F, V.
b) F, V, F.
c) V, V, F.
d) F, F, V.
e) F, V, V.

5. De maneira geral, os objetivos da logística são os mesmos, independentemente do tipo de produto e/ou porte da empresa. A respeito desses objetivos e de suas características, associe as duas colunas da tabela a seguir. Depois, indique a sequência correta:

Objetivo	Característica
I. Atender às necessidades dos clientes	( ) Relacionado ao *market share*
II. Estar presente e disponível aos clientes	( ) Controles, registros e históricos
III. Garantir nível de serviço ao cliente	( ) Quando é atingido em 100%, o cliente está satisfeito
IV. Intensificar potencial de comercialização	( ) Entregar no prazo correto
V. Alimentar o fluxo de informações	( ) Relacionado à capilaridade da rede
VI. Otimizar recursos para a redução de custos	( ) Planejamento do uso de armazéns e modais

a) I, II, III, IV, V, VI.
b) II, V, III, I, IV, VI.
c) VI, V, IV, III, II, I.
d) III, VI, II, V, IV, I.
e) V, II, III, I, IV, VI.

Questões para reflexão

1. Para que as atividades da distribuição ocorram de forma harmônica e permitam um bom andamento dos fluxos logísticos, é fundamental que haja comunicação e confiabilidade entre as empresas que compõem a cadeia de suprimentos. Atualmente temos diversos meios de comunicação disponíveis. Reflita e escreva de que forma esses meios de comunicação facilitam o trabalho e se há dificuldades em sua implementação.

2. As barreiras culturais e geográficas interferem na execução das atividades da distribuição, tanto nacionalmente quanto internacionalmente. Essa frase é considerada correta? Explique.

3. A evolução da logística de um setor de apoio para um dos responsáveis pela competividade das empresas foi algo que exigiu muito investimento por partes das empresas. Em contrapartida, também surgiram oportunidades, como o aprimoramento de um novo canal de vendas: o *e-commerce*. Quais são os objetivos mais trabalhados pela logística no caso do *e-commerce*?

Para saber mais

No Brasil, para que a distribuição seja eficiente, é preciso que sejam realizados mais investimentos em infraestrutura, afinal, a empresa utiliza a infraestrutura da região que está instalada para realizar suas atividades. Para saber mais sobre os próximos projetos de infraestrutura previstos no Brasil, acesse o site do Ministério do Planejamento:

BRASIL. Ministério do Planejamento. **Infraestrutura logística**. Disponível em: <http://www.pac.gov.br/infraestrutura-logistica>. Acesso em: 16 maio 2018.

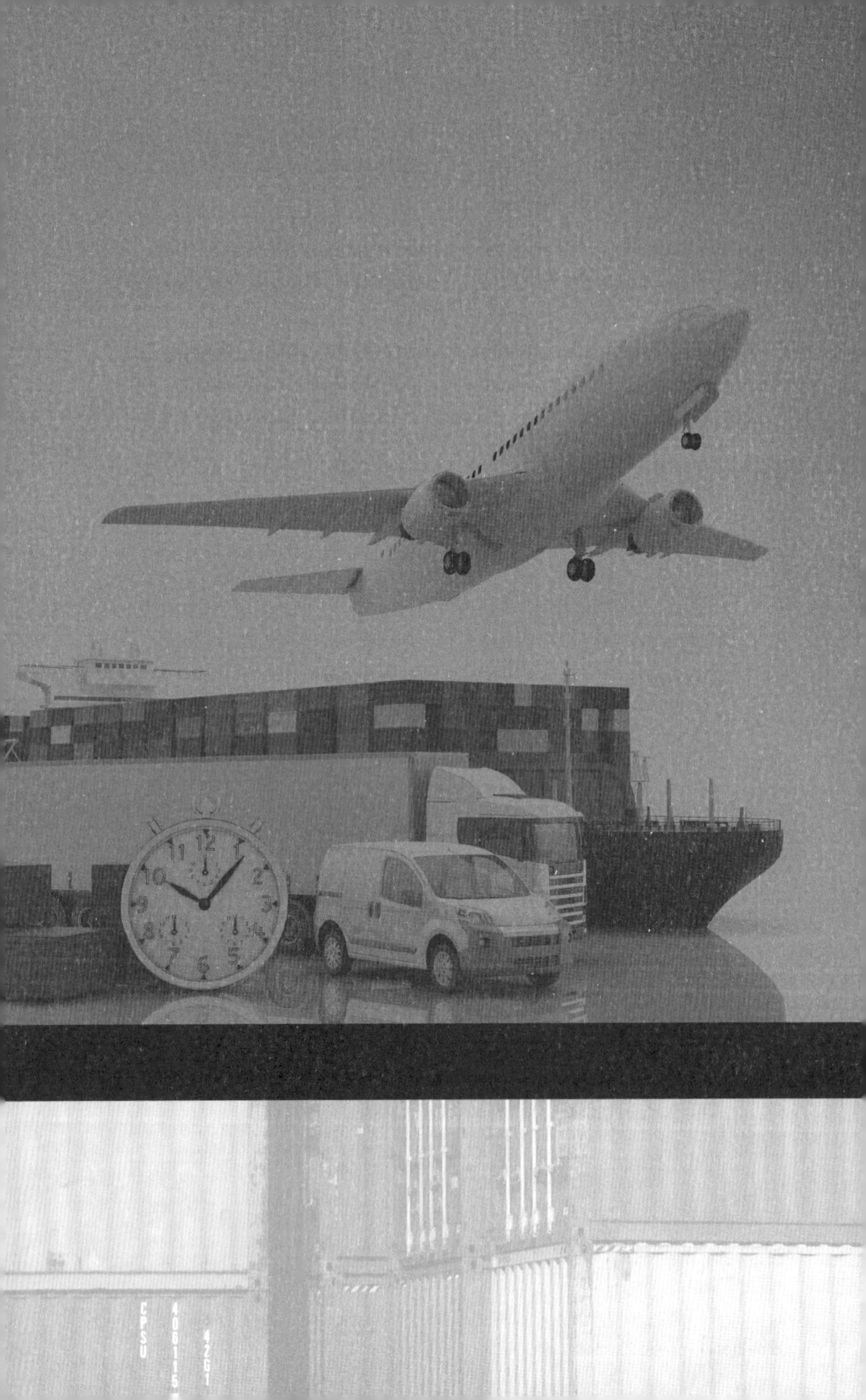

2
Modelos de canais de distribuição

Conteúdos do capítulo:

- Canais de distribuição.
- Características e funções dos intermediários.
- Objetivos dos canais de distribuição.
- Canais verticais.
- Canais híbridos.
- Canais múltiplos.

Após o estudo deste capítulo, você será capaz de:

1. entender como funcionam os canais de distribuição;
2. identificar a interface entre os canais de distribuição e a logística;
3. compreender a função e a importância das atividades dos chamados *intermediários*;
4. apontar os principais tipos de canais de distribuição.

O CAPÍTULO ANTERIOR deu detalhes sobre a distribuição de produtos e os princípios de distribuição. Neste capítulo, vamos centrar as atenções no tema que é a base do título desta obra: os canais de distribuição.

Antes, é conveniente analisar a importância dos canais de distribuição no sucesso (ou insucesso) das empresas ao disponibilizar seus produtos ao consumidor.

2.1 Canais de distribuição

Embora o propósito desta obra tenha como pano de fundo os processos logísticos, quando falamos sobre *canais de distribuição*, vemos uma forte participação do *marketing* – por meio de técnicas e métodos destinados ao desenvolvimento das vendas, fundamentados nos quatro pilares de sustentação (4 Ps): produto, preço, promoção e ponto de venda (distribuição).

Ao se analisar esses 4 Ps, pode-se ver que, embora o produto se caracterize por ser a essência das vendas e que sem ele não haveria função para os outros 3 Ps, nem sempre ele aparece como o principal responsável pela decisão de compra do consumidor final.

É notório, que nos dias de hoje, em função da obtenção e da transferência de tecnologia entre as empresas, os produtos tendem a ter alguns aspectos, como *design*, especificação e qualidade, bem próximos uns dos outros. Nem mesmo o preço determinará necessariamente a compra ou não de um produto. Há competitividade entre as empresas, e o poder de decisão recai sobre o consumidor. Com relação à promoção, é evidente que ela pode ser um diferencial, mas acaba sendo uma estratégia rapidamente observada pelos concorrentes, que tomam as ações no sentido de minimizar as possíveis perdas de vendas.

Você pode estar pensando: Então apenas a distribuição é importante nesse processo? Óbvio que não. No entanto, é fato que não haverá sucesso em se atender o mercado mesmo com um bom produto, um preço competitivo e promoções de vendas se não houver canais eficazes para distribuir o produto para o consumidor final.

Importante!

Resumidamente, **canais de distribuição** são os caminhos que o produto irá percorrer para chegar ao consumidor final. Esse caminho é definido em função de como o cliente e/ou o consumidor final deseja receber o produto e também diz respeito às estratégias utilizadas.

É por meio dos canais de distribuição que produtos e serviços são disponibilizados aos consumidores, já que o produto precisa ser transportado para onde os consumidores têm acesso. Como já vimos no primeiro capítulo, isso representa um potencial forte de vantagem competitiva para as empresas.

Desse modo, é fundamental termos uma definição de canais de distribuição para que as ideias apresentadas sejam claras. Afinal, precisamos saber sobre o que estamos estudando.

Canais de distribuição podem ser vistos como "um conjunto de organizações interdependentes envolvidas no processo de tornar o produto ou o serviço disponível para consumo ou uso" (Stern; El-Ansary; Coughlan, 1996, p. 1).

Quando o consumidor final adquire um determinado produto, o produto em si é uma parte do pacote de compras, sendo que os serviços prestados pelos integrantes dos canais de distribuição não só fazem parte do pacote, como muitas vezes também são apresentados como fator decisivo para a compra.

Para proporcionar um entendimento mais prático sobre canais de distribuição, observe uma empresa de manufatura qualquer e como ela pode fazer com que seu produto chegue aos diversos segmentos de clientes. O produto pode sair da manufatura e ir direto ao consumidor final; ou da manufatura para um intermediário varejista; ou, antes de ir ao varejo, passar por um distribuidor (atacadista) e por representantes.

O que aparenta ser algo elementar passa a ter contornos de decisão estratégica em função dos custos assumidos na escolha de um canal em detrimento de outro. No parágrafo anterior, utilizamos a palavra *intermediário*. A pergunta que se faz é a seguinte: Por que é necessária a figura do intermediário? Utilizando um exemplo do mercado local, para não alongarmos nossa reflexão, imagine uma empresa que quer alavancar suas vendas por meio da distribuição de seu produto nos locais mais remotos do Brasil. Pelas dimensões do nosso país e pelas diferenças no modo de consumo, ficaria inviável a empresa assumir essa tarefa, tanto em termos de custo como em termos de *expertise* sobre as características do mercado e peculiaridades de cada região do Brasil. Optar por um intermediário é uma forma de terceirização que grande parte das empresas emprega para otimizar a utilização de seus recursos internos no sentido de gerar atividades de agregação de valor ao produto. Isso inclui *design*, qualidade e preço competitivo.

Contudo, outra pergunta pode surgir: Já que a terceirização das atividades de distribuição é benéfica para as empresas, pode-se confiar na capacidade dos intermediários em fazer com que o produto chegue aos consumidores finais atendendo todas às suas expectativas? Segundo Kotler e Keller (2006, p. 510), "por meio de seus contatos, experiência, especialização e escala operacional, os intermediários geralmente oferecem à empresa mais do que ela conseguiria por conta própria".

Outro aspecto relevante em relação aos intermediários é a comparação de suas atividades com as atividades produtivas, como especialização e divisão do trabalho. Conforme Rosenbloom (2002, p. 34), "essa compreensão muitas vezes não ocorre quando a especialização e a divisão de trabalho são aplicadas à situação da distribuição, particularmente quando mais de uma empresa está envolvida". Se o objetivo principal da especialização e da divisão de tarefas propostas para a produção foi o de aumentar a eficiência, nada mais natural que adotar práticas similares para os canais de distribuição.

A Figura 2.1 é uma ilustração básica de como se comportam os canais de distribuição.

Figura 2.1 Fluxo básico dos canais de distribuição

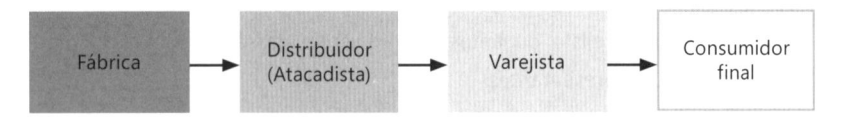

Fábrica → Distribuidor (Atacadista) → Varejista → Consumidor final

Onde a logística entra nesse contexto? A última fase da logística, antes do início da utilização do produto pelo consumidor final, é a distribuição, que pode ser vista como um conjunto de atividades entre o produto pronto para ser expedido e sua chegada ao consumidor.

Segundo Novaes (2007), "especialistas em logística se preocuparão com os processos operacionais e de controle que permitem transferir os produtos desde o ponto de fabricação até o ponto em que a mercadoria é finalmente entregue ao consumidor". Este último ponto é, muito frequentemente, um varejista, do qual o consumidor final adquire o produto.

Mesmo com muitas definições a respeito de canais de distribuição, ainda existem algumas dúvidas. Segundo Rosenbloom (1999), "às vezes são definidos como uma rota tomada pelo produto no fluxo até o consumidor final, em outra definição, como a posse do produto que flui de um a outro agente no sistema e, ainda, como coalizão de empresas unidas pelo propósito de troca".

Muito provavelmente, essas pequenas disparidades nas definições devem-se a pontos de vistas diferentes em função do papel de cada agente no canal de distribuição. Para o fabricante, por exemplo, os intermediários são efetivamente os canais para distribuição do produto. Já para as pessoas que operam o sistema (atacadistas, varejistas etc.), o canal de distribuição nada mais é do que o fluxo de produtos. O consumidor final, por sua vez, vê o canal como agente entre os fabricantes e os próprios consumidores.

Outra questão pertinente refere-se à relação entre canais de distribuição e distribuição física.

Recapitulando, **canais de distribuição** são os meios pelos quais os produtos chegam aos consumidores, através de uma série de atividades executadas por um conjunto de organizações interdependentes. Como conjunto de organizações, entendemos o conjunto de intermediários que operam entre o fabricante e o consumidor final.

Já a **distribuição física** refere-se à movimentação de produtos desde o fabricante até o consumidor final, por meio de estratégias logísticas para atender aos pedidos no prazo correto, na quantidade correta e na qualidade esperada pelo cliente, visando o alcance de eficiência e eficácia no processo. Nesse processo são executadas tarefas como: armazenagem, estocagem, embalagem, transporte, movimentação interna de materiais e gerenciamento dos sistemas e equipamentos necessários para essas funções.

A Figura 2.2 nos mostra um comparativo básico entre as atividades de distribuição física e canal de distribuição.

Figura 2.2 Paralelismo entre canais de distribuição e distribuição física

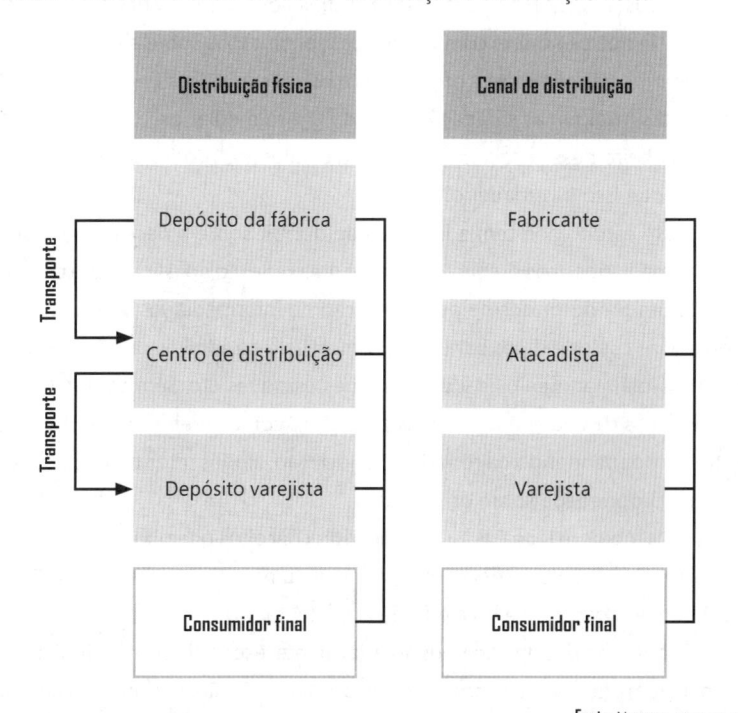

Distribuição física	Canal de distribuição
Depósito da fábrica	Fabricante
Centro de distribuição	Atacadista
Depósito varejista	Varejista
Consumidor final	Consumidor final

(Transporte entre os níveis da distribuição física)

Fonte: Novaes, 2004, p. 125.

As atividades da distribuição física e do canal de distribuição estão diretamente relacionadas, com um mesmo propósito: levar o produto da empresa fabricante para o consumidor final. Nem sempre temos a presença de todas essas pessoas em todas as cadeias produtivas, até porque, em alguns casos, não há a presença de atacadista.

No próximo item, detalharemos o papel dos intermediários.

2.2 Características e funções dos intermediários

Conforme visto no tema anterior, a figura dos intermediários é fundamental para a execução dos processos dos canais de distribuição. Trata-se, todavia, de um tema polêmico, já que são muito comuns os questionamentos sobre a necessidade de haver intermediários entre os produtores e os consumidores finais dos produtos. Surgem, assim, algumas indagações, como: "O intermediário é o agente que mais recebe dinheiro nesse processo sem agregar valor aos produtos e aos clientes?". Mas será que isso é verdadeiro?

Este estudo não tem a intenção de decidir sobre a necessidade ou não dos intermediários, mas procura, sim, fazer uma reflexão holística sobre o assunto. Quando um produtor decide pela utilização de intermediários, ele está transferindo alguns custos e riscos para estes, como: custo de administração de estoques, riscos sobre a manutenibilidade de grandes estoques etc. Sem contar, também, com os riscos da não venda dos produtos, pois, como veremos em outro trecho deste livro, dependendo da forma de negociação, alguns intermediários passam a deter a propriedade sobre os produtos.

Rosenbloom (2002, p. 34), define "dois conceitos que podem ser utilizados pelos fabricantes para se decidirem pelo uso ou não de intermediários: especialização e divisão do trabalho e eficiência contatual".

Conforme já mencionamos anteriormente, especialização e divisão do trabalho trazem eficiência aos processos de produção. Então, por que não os utilizar nos processos dos canais de distribuição? Na manufatura, quando se fraciona uma tarefa complexa em diversas tarefas menores e mais simples, o resultado traz eficiência muito maior, pois gradativamente são obtidos ganhos na especialização de cada atividade.

A Figura 2.3 mostra, de forma simples e direta, um comparativo de divisões de tarefas e especialização entre os processos de produção e distribuição. O item utilizado no exemplo é uma guitarra elétrica.

Figura 2.3 Comparativo entre processos de produção e distribuição

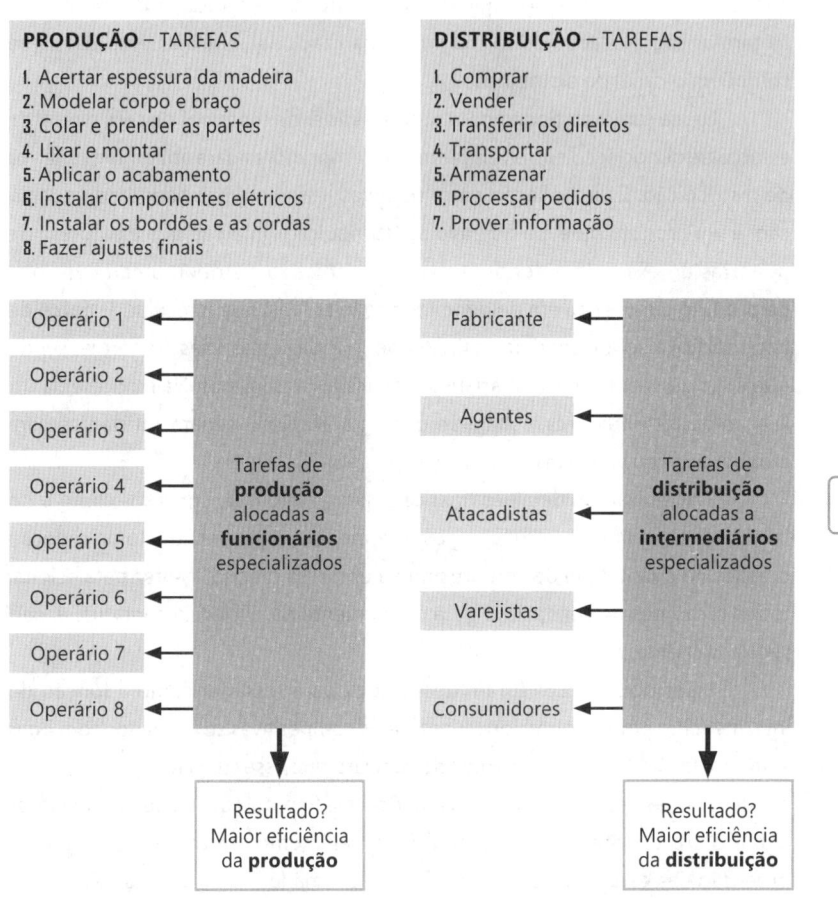

PRODUÇÃO – TAREFAS	DISTRIBUIÇÃO – TAREFAS
1. Acertar espessura da madeira	1. Comprar
2. Modelar corpo e braço	2. Vender
3. Colar e prender as partes	3. Transferir os direitos
4. Lixar e montar	4. Transportar
5. Aplicar o acabamento	5. Armazenar
6. Instalar componentes elétricos	6. Processar pedidos
7. Instalar os bordões e as cordas	7. Prover informação
8. Fazer ajustes finais	

Operário 1, Operário 2, Operário 3, Operário 4, Operário 5, Operário 6, Operário 7, Operário 8 ← Tarefas de **produção** alocadas a **funcionários** especializados

Fabricante, Agentes, Atacadistas, Varejistas, Consumidores ← Tarefas de **distribuição** alocadas a **intermediários** especializados

Resultado? Maior eficiência da **produção**

Resultado? Maior eficiência da **distribuição**

Fonte: Elaborado com base em Rosenbloom, 2002, p. 35.

A Figura 2.3 demonstra que é possível a aplicação do conceito da especialização e divisão do trabalho à distribuição. A diferença fundamental entre a aplicação na produção e na distribuição está em como as tarefas são alocadas. Na produção, as tarefas são, na maioria das vezes, alocadas de forma intraorganizacional, ou seja, é algo que ocorre dentro das empresas. Na distribuição, as tarefas são alocadas de forma interorganizacional, entre as empresas que compõem o canal de distribuição.

Nesse contexto, podemos falar sobre *eficiência contatual*, ou seja, o nível de esforço de negociação entre vendedores e compradores para atingir um objetivo de distribuição. É uma relação entre recursos (esforço e habilidade de negociação) e um produto (que é o objetivo de distribuição). Imagine que a empresa de guitarras do exemplo anterior tenha como objetivo distribuir uma nova linha de produto para venda em pelo menos 500 lojas. Veja que o recurso (esforço de negociação) a ser dispendido para atender a todas essas lojas é enorme, sendo que em alguns casos necessitariam até de visitas aos lojistas. Na hipótese da utilização de distribuidores, estima-se que 25 atacadistas seriam suficientes para atender aos 500 varejistas.

Sem entrar em detalhes financeiros, fica claro que, em casos como o do fabricante de guitarras, a função dos intermediários proporciona uma redução drástica na quantidade de contatos que a empresa precisa manter para acionar todos os pontos de venda. Isso gera um aumento da eficiência contatual e, consequentemente, redução dos custos.

Esses dois tópicos foram destacados para ressaltar como a função do intermediário pode proporcionar vantagens competitivas se utilizados com boas estratégias. Também pretendemos deixar claro que esses dois tópicos que foram mostrados não representam a "receita do bolo" no que diz respeito a decisões sobre o uso de intermediários. Ambos servem como um começo para a compreensão das características e funções dos chamados *intermediários dos canais de distribuição*.

> **Importante!**
>
> Lembre-se, porém, que o que funciona para uma empresa pode não funcionar para outra, pois fatores culturais e regionais têm grande peso nesse momento, mesmo para empresas que apresentem os mesmos produtos e sejam concorrentes num mesmo mercado. Dessa forma, cada uma deve realizar sua análise.

Basicamente, o que normalmente se aborda quando o termo *intermediários* é mencionado nos canais de distribuição é o espaço que eles ocupam em um determinado canal. No entanto, como já frisamos em parágrafos anteriores, com a introdução de intermediários, reduz-se o número de contatos, como mostra a Figura 2.4.

Figura 2.4 Quatro fabricantes de guitarras contatam diretamente quatro varejistas (lojas de instrumentos musicais)

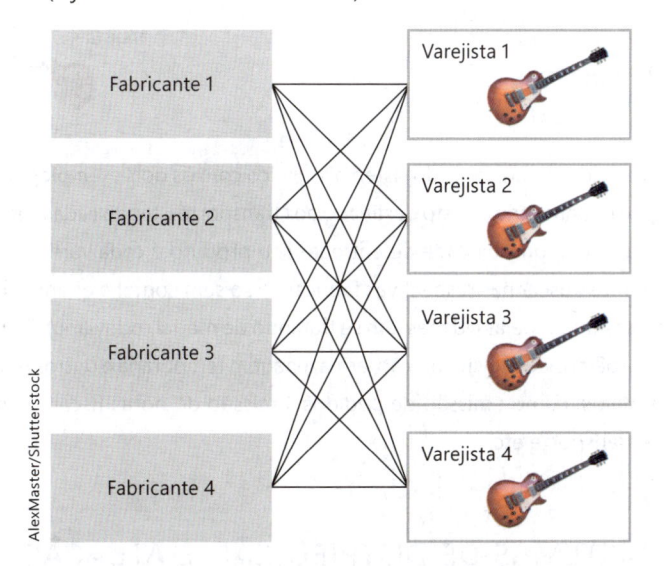

AlexMaster/Shutterstock

Perceba que o número de contatos para todos os fabricantes contatarem todos os varejistas chega a 16 (4 fabricantes × 4 varejistas).

Na Figura 2.5, observe que o número de contatos para todos os fabricantes contatarem todos os varejistas chega a 8, ou seja, cai pela metade (4 fabricantes + 4 varejistas) se comparado ao exemplo da Figura 2.4.

Figura 2.5 Quatro fabricantes de guitarras contatam um intermediário atacadista que contata quatro varejistas (lojas de instrumentos musicais)

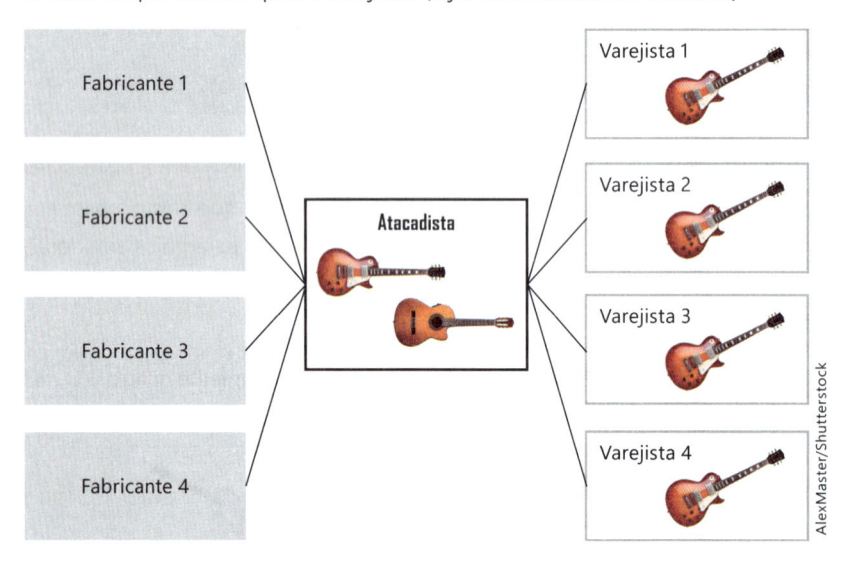

Fazendo uma analogia do sistema logístico com os dois exemplos anteriores, imagine quanto seria o custo destinado aos transportes, tendo cada fabricante de guitarras a responsabilidade de entregar seu produto a cada varejista (ou o varejista ter de buscar nas respectivas fábricas). Isso sem contar a quantidade de veículos transitando pelas cidades (em se tratando de modal rodoviário). Soma-se, ainda, os trabalhos de movimentação, armazenagem temporária e outros trâmites administrativos, como emissão de pedidos, emissão de notas fiscais, conhecimento de transporte etc.

2.3 Sistemas de distribuição e atuação dos intermediários

Procuramos deixar claro que a introdução de intermediários é benéfica, porém, não é a solução para todos os problemas referentes aos canais de distribuição.

Em função de estratégias de distribuição de *marketing* e logística, pode-se eventualmente ser utilizada uma distribuição direta. Nesse sentido, veremos a seguir os principais sistemas de distribuição adotados pelas organizações, que envolvem distribuição direta, distribuição exclusiva, distribuição intensiva, com a utilização de atacadistas, varejistas, distribuidores e agentes.

Sistema de distribuição direta

Nesse sistema, não há a participação de intermediários de maneira concreta e a venda dos produtos é realizada diretamente pelo fabricante para o consumidor final. Permite, portanto, um controle maior das atividades de mercado, da venda até a entrega do produto ao consumidor final.

Um exemplo característico desse sistema é o utilizado por algumas empresas fabricantes de cosméticos, que recorrem a promotores autônomos (e não vendedores contratados como funcionários) para realizar as vendas. Tem como vantagem um maior controle pelo fabricante no processo de comercialização do produto e como desvantagem, um alto custo logístico em função da estrutura de distribuição, pois, devido ao atendimento pontual e customizado, muitas vezes os processos logísticos não são otimizados. O custo para a operacionalização desse sistema para a empresa fabricante acaba sendo mais alto que os demais. Porém, pelas características do produto, como customização e exclusividade, o cliente acaba concordando em arcar com as despesas. Frisamos, contudo, que não é todo produto que permite essa utilização.

Sistema de distribuição exclusiva

Sistema em que se utiliza um ou poucos intermediários de forma exclusiva. Tem como base um acordo em que o distribuidor (varejista, por exemplo) se compromete, por meio de contrato, a vender produtos de apenas um fabricante. Esse sistema normalmente se aplica a produtos com maior valor agregado.

Outra forma de operar esse sistema é por intermédio de representantes comerciais, que levam os produtos aos pontos de varejo, lojas que detenham exclusividade na venda do produto.

Do ponto de vista logístico, tem-se nesse sistema um trabalho intensivo no sentido de se adaptar às normas do fabricante. Um exemplo de utilização deste sistema é o setor automobilístico, que possui concessionárias de distribuição exclusivas.

Sistema de distribuição intensiva

Esse sistema tem como objetivo distribuir o produto para o maior número possível de pontos de vendas. Normalmente é utilizado para produtos de alto consumo e baixo valor agregado (baixo custo unitário).

Dependendo da aplicação, algumas empresas utilizam-se de equipes próprias para distribuir seus produtos a grandes varejistas, como hipermercados. Fabricantes de bebidas de alto consumo usam essa estratégia, o que demanda um processo logístico específico para essa finalidade. No entanto, via de regra, para esse tipo de distribuição, o varejo é coberto por atacadistas ou representantes comerciais sem vínculo direto com o fabricante (empregatício, por exemplo) nem fidelidade exclusiva à marca. Muitas vezes, essa forma de distribuição confere à logística a administração de movimentação e transporte de produtos variados.

Agora, tendo explicado o funcionamento dos sistemas de distribuição, vamos dar mais detalhes sobre a atuação dos intermediários e suas respectivas classificações.

Entre os principais intermediários atuantes em um canal de distribuição, estão os atacadistas, os varejistas, os distribuidores e os agentes. Embora, a princípio, as atividades de cada intermediário pareçam triviais, é importante notar a diferença entre elas, uma vez que os motivos para compra são críticos em mercados segmentados. Os próximos itens definem cada um dos intermediários já mencionados.

Atacadistas

Forma de intermediação do canal de distribuição que ocorre entre o fabricante e o varejo. Nesse caso, grande parte da venda não tem como objetivo os consumidores domésticos finais. O objetivo principal é vender seus produtos a outros estabelecimentos: varejistas, comerciantes, usuários industrias, institucionais e comerciais. Em resumo, os atacadistas vendem insumos físicos (tangíveis) a outros estabelecimentos que irão disponibilizá-los aos consumidores finais. Essa modalidade é comumente reconhecida como B2B, sigla que em inglês significa *business to business*, ou seja, negócio realizado entre duas empresas, sem a efetiva participação do consumidor final.

Em termos econômicos, o atacadista tem papel importante no cenário nacional. Segundo a Associação Brasileira de Atacadistas e Distribuidores (Abad, 2018), "em 2016 o segmento atacadista distribuidor cresceu 0,6% em termos reais e 6,9% em termos nominais, atingindo faturamento de R$ 250,5 bilhões". Também é responsável por 53,7% de tudo que é movimentado no mercado *mercearil* (produtos alimentícios em geral), o que denota uma participação robusta do sistema logístico. Também tem como característica a movimentação de materiais em pequenos e médios lotes, o que demanda embalagens especiais e uma forma de movimentação diferenciada.

Mas qual seria a vantagem de ter um atacadista? Algumas vantagens em se utilizar esse intermediário é que se adquire lotes grandes, que propiciam otimização dos transportes e previsibilidade mais consistente de entregas, revertendo em redução do custo unitário. No entanto, como desvantagem, há o fato de não haver um contato direto com o cliente, o que dificulta o entendimento pleno sobre as perspectivas de valor do consumidor final.

Outro ponto a ser considerado refere-se a terminologia: hoje se utiliza bastante o termo *centro de distribuição*, o que na prática não apresenta grandes diferenças em relação às funções do atacadista.

Varejistas

Forma de intermediação do canal de distribuição em que as empresas realizam as vendas de mercadorias para consumo pessoal ou doméstico. Como exemplos básicos de forma de venda por varejo, podemos citar supermercados, papelarias, farmácias, bazares, lojas de calçados etc., que têm como público-alvo os consumidores finais.

Entender as diferenças dos mais diversos segmentos de mercado é algo crucial para o sucesso de qualquer operação. Um mesmo produto pode eventualmente ser distribuído por atacado e por varejo, como é o caso de alguns tipos de material de escritório, que são distribuídos a clientes através de grandes atacadistas e também disponibilizados ao consumidor final em lojas de varejo.

O grande desafio do varejo é combinar variáveis como giro alto de estoque e margem relativamente baixa com alto nível de serviço. A administração dessas variáveis de forma eficaz proporcionará redução dos custos operacionais, o que aumentará a competitividade da empresa e poderá beneficiar o consumidor final.

Vale ressaltar que, quando se adota o posicionamento mencionado anteriormente, tem-se um impacto direto na distribuição física dos produtos, com o aumento da frequência de abastecimento e o fracionamento das cargas. Isso leva a se repensar o funcionamento dos procedimentos logísticos.

Distribuidores

Modalidade de intermediação de canal de distribuição na qual há a venda do produto. A armazenagem e a assistência técnica são restritas a uma área geográfica delimitada de atuação, tendo, na maioria das vezes, o propósito de atender demandas regionalizadas.

Outro ponto a ser considerado refere-se à terminologia. Hoje se utiliza bastante o termo *centro de distribuição*, que pode ser definido como uma estrutura de distribuição que executa o recebimento de cargas de diversos fornecedores. Ele faz a devida separação e sortimento para posterior encaminhamento aos pontos de venda em função do sistema de "puxar" iniciado com o cliente, fazendo parte do sistema macro da cadeia de suprimentos ou *supply chain*.

Agentes

Forma de intermediação do canal de distribuição em que pessoas jurídicas comissionadas são contratadas para vender produtos de uma empresa muitas vezes distinta das empresas tradicionais, podendo ser de dentro ou de fora do Brasil.

Como exemplos desse segmento de intermediários, encontram-se os representantes de venda, corretores imobiliários, corretores de seguros etc. Operam principalmente em regiões em que a empresa ainda não atua ou não têm atuação de forma efetiva. Muito utilizado para a exportação.

Destacamos aqui que os intermediários podem tanto atuar sozinhos quanto em conjunto com demais intermediários, formando as chamadas *estruturas do canal*. Decisões estratégicas, tanto de cunho mercadológico (*marketing*) quanto logístico, devem ser tomadas para definição da quantidade e da especialização dos intermediários que devem operar numa determinada estrutura de canal. A Figura 2.6 mostra algumas das possibilidades.

Figura 2.6 Estrutura do canal para bens de consumo

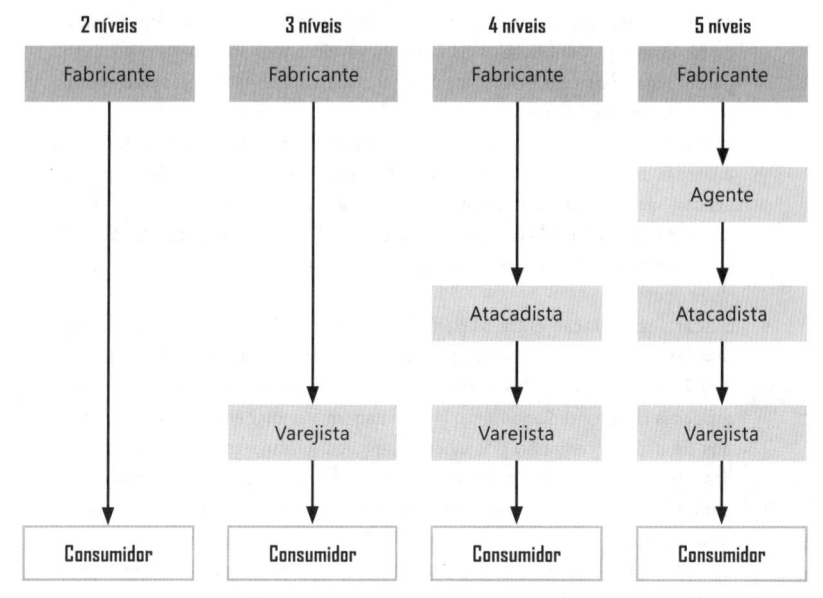

2 níveis	3 níveis	4 níveis	5 níveis
Fabricante	Fabricante	Fabricante	Fabricante
			Agente
		Atacadista	Atacadista
	Varejista	Varejista	Varejista
Consumidor	Consumidor	Consumidor	Consumidor

Fonte: Rosenbloom, 2002, p. 38.

A composição da estrutura do canal é uma decisão exclusiva da empresa e que pode ser ajustada com o passar do tempo ou do mercado em que estará atuando. Isso significa que é preciso flexibilidade. Nada impede que uma empresa que atue com quatro níveis no Brasil tenha apenas dois no exterior. Um cenário não exclui o outro.

Você pode pensar: entendi o que é distribuição e um canal de distribuição, mas quais são seus objetivos dentro da logística e da empresa como um todo? É sobre isso que vamos tratar a seguir.

2.3.1 Objetivos dos canais de distribuição

No início deste capítulo, foram evidenciadas algumas definições dos canais de distribuição. Mas, de uma forma geral, quais são seus objetivos?

Segundo Novaes (2004, p. 113), os objetivos dos canais podem ser identificados em "alguns fatores gerais, que estão presentes na maioria dos casos dos canais de distribuição". A seguir, listamos os objetivos citados pelo autor:

- garantir a rápida disponibilidade do produto nos segmentos do mercado identificados como prioritários. Mais especificamente, é importante que o produto esteja disponível para venda nos estabelecimentos varejistas do tipo certo. Uma vez identificados os tipos de varejo adequados para o produto, garantir que o sistema de distribuição física mais apropriado seja selecionado para atingir esse objetivo;
- intensificar ao máximo o potencial de vendas do produto em questão. Por exemplo, buscar as parcerias entre fabricante e varejistas que permitam a exposição mais adequada do produto nas lojas. Definir quem fará o arranjo da mercadoria nas lojas (fabricante ou varejistas). Prever, se necessário, equipes para demonstração *in loco*. Analisar a necessidade de promoções especiais do produto etc.;
- buscar a cooperação entre os participantes da cadeia de suprimento no que se refere aos fatores relevantes relacionados com a distribuição. Por exemplo, definir lotes mínimos dos pedidos, uso ou não de paletização, ou de tipos especiais de acondicionamento e embalagem, condições de descarga (tempos de espera, tamanho dos veículos, equipamentos), restrições de tempo nas entregas (períodos para recebimento dos produtos, restrições diversas);
- garantir um nível de serviço preestabelecido pelos parceiros da cadeia de suprimento;
- garantir um fluxo de informações rápido e preciso entre os elementos participantes;
- buscar, de forma integrada e permanente, a redução de custos, atuando não isoladamente, mas em uníssono, analisando a cadeia de valor no seu todo [...]. (Novaes, 2004, p. 113)

Claro que a operacionalização desses objetivos requer muito planejamento, acompanhamento e pessoas especializadas na função, de forma a buscar alcançar com sucesso esses objetivos.

2.4 Canais verticais

Quando falamos sobre a características e as funções dos intermediários neste capítulo, foram apresentadas algumas estratégias de distribuição, como os sistemas de distribuição direta, intensiva e exclusiva. Embora haja alguns itens em comum entre as formas de abordagem dos sistemas de distribuição e a estrutura dos canais, a visão estrutural é de suma importância para entendimento dos canais de distribuição.

Começaremos pelos canais verticais, que são os mais utilizados para distribuição de produtos, principalmente de produtos consumidos no cotidiano das pessoas. O canal vertical tem como característica básica o fato de utilizar um só caminho entre o fabricante e o consumidor final, não importa a quantidade de intermediários que ali atuem.

Para se fazer um paralelo com o que ocorre na prática, vamos analisar três cenários de canais verticais. Via de regra, nos três cenários que serão apresentados, não há uma interação direta entre o fabricante e o consumidor final.

No primeiro cenário, será utilizado como exemplo um fabricante de um produto de prateleira de um supermercado varejista. Vamos supor que seja um fabricante de um produto de limpeza. O fabricante disponibiliza, por meio de uma venda, um caminhão carregado de produtos para o atacadista, que passa a ter a posse dos produtos. O atacadista *desconsolida* (termo que será abordado com mais detalhes no Capítulo 5) a carga, efetua a estocagem e, em função da demanda, irá vender os produtos de limpeza a diversos varejistas. Estes, por sua vez, compram os produtos de limpeza, abastecem seus estoques e disponibilizam os produtos nas prateleiras dos supermercados para venda ao consumidor final.

Como apenas o varejista tem acesso ao consumidor final, na maioria das vezes é ele quem absorve a percepção dos clientes quanto ao produto e muitas vezes é o responsável por informar ao consumidor as características técnicas dos produtos (utilização, cuidados etc.).

A Figura 2.7 mostra a condição de um canal vertical, conforme descrito nos parágrafos anteriores.

Figura 2.7 Canal vertical em cenário com quatro níveis

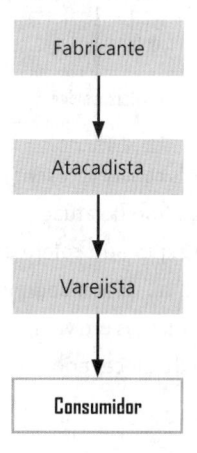

```
Fabricante
    ↓
Atacadista
    ↓
Varejista
    ↓
Consumidor
```

O segundo cenário mostra um caso em que há uma redução no número de intermediários. Nesse caso específico, vamos considerar uma empresa que venda cosméticos, sendo as vendas dos produtos realizadas por meio de vendedores diretos, que utilizam catálogos e matérias promocionais do fabricante. Como essa venda é praticada diretamente pelos representantes, consequentemente, o processo se torna mais enxuto. É como se fosse uma extensão do departamento de vendas do fabricante. Mas, se nesse exemplo a quantidade de níveis é menor, por que não o usar em substituição ao cenário anterior? A resposta é: para cada tipo de produto ofertado ao mercado tem-se diferentes exigências dos consumidores, portanto, diferentes estratégias de distribuição. Nesse segundo cenário, não há, por parte do consumidor, o desejo de consumir o produto de imediato, pois, em função da escolha, ainda haverá um ciclo de pedido a ser percorrido até a entrega do produto. O consumidor do supermercado não iria se adaptar a esse tipo de canal, pois quer efetuar o pagamento para posse imediata do produto.

A Figura 2.8 mostra a condição de um canal vertical com a utilização do setor de vendas do fabricante.

Figura 2.8 Canal vertical com utilização do setor de vendas

```
        Fabricante
            │
            ▼
    Setor de vendas
      do fabricante
            │
            ▼
        Consumidor
```

Note que, mesmo os dois canais apresentados sendo considerados canais verticais, há variação quanto ao tipo de atuação.

O terceiro cenário a ser explorado, refere-se também a uma estrutura com quantidade reduzida de níveis, tal qual o segundo. A diferença para o cenário anterior é que o fabricante tem apenas um varejista entre ele e o consumidor final. Vamos utilizar como exemplo desse cenário um fabricante de automóveis, que geralmente faz uso desse tipo de estrutura de canal. Observe que para esse cenário foi utilizado um bem durável, diferente dos cenários anteriores. O fabricante do automóvel – a montadora – disponibiliza os automóveis para a concessionária, que faz a venda do produto para o consumidor final. Com a aplicação desse modelo de estrutura de canal, não há a figura do intermediário atacadista, pois se trata de um bem de valor agregado relativamente alto, em que a demanda é muito menor se comparada com os cenários anteriores, o que não justificaria a presença do atacadista.

A Figura 2.9 mostra a condição de um canal vertical com estrutura de canal entre o fabricante e o varejista.

Figura 2.9 Canal vertical com estrutura de canal entre o fabricante e o varejista

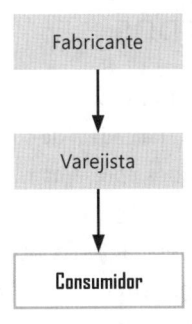

```
Fabricante
    ↓
Varejista
    ↓
Consumidor
```

Há possibilidades de estruturação de canais em que se pode reduzir a quantidade de intermediários. Em alguns casos, não há como escapar da utilização de intermediários, em função da *expertise* destes no alcance da maior quantidade de varejistas e também pelo fato de liberar o fabricante para que mantenha o foco em seu negócio principal (*core business*). No entanto, com as constantes mudanças na forma de consumo, precisamos ficar atentos à cadeia de suprimentos e observar os novos arranjos na distribuição. Os intermediários têm suas funções dentro dos canais de distribuição, porém, é essencial rever essa participação com os olhos do consumidor, ou seja, entender o quanto essa participação tem agregado valor para o consumidor final.

> **Importante!**
>
> Conforme Novaes (2004), em lugar de resolver um problema no canal de distribuição mediante a escolha dos intermediários até chegar ao consumidor final, é importante que se faça o caminho inverso, ou seja, que se parta do consumidor e se desenvolva uma estrutura de distribuição que possa atendê-lo da melhor forma possível, agregando valor ao processo como um todo.

2.5 Canais híbridos

Nesse tipo de estrutura de canal, uma parte das funções é realizada em paralelo por dois ou mais intermediários da cadeia de suprimentos. Diferentemente dos canais verticais, os canais híbridos apresentam um certo grau de flexibilização. Portanto, para um determinado fabricante, há a possibilidade de dois ou mais elementos estarem atuando diretamente sobre o consumidor final.

Essa modalidade de canal permite que o fabricante possa eventualmente negociar a venda de seus produtos com os setores de compras de grandes empresas. Após o fim da negociação, o fabricante disponibiliza uma lista com seus distribuidores autorizados, que, por sua vez, se encarregam da distribuição física dos produtos. Inclui-se também a armazenagem, a colocação dos pedidos e, finalmente, a entrega dos produtos na quantidade certa e no tempo certo desejado pelo cliente.

Outra característica desse canal é que o fabricante, por conhecer o produto a ser distribuído, muitas vezes se encarrega dos serviços de pós-venda.

A Figura 2.10 mostra a estrutura de um canal híbrido.

Figura 2.10 Estrutura de um canal híbrido

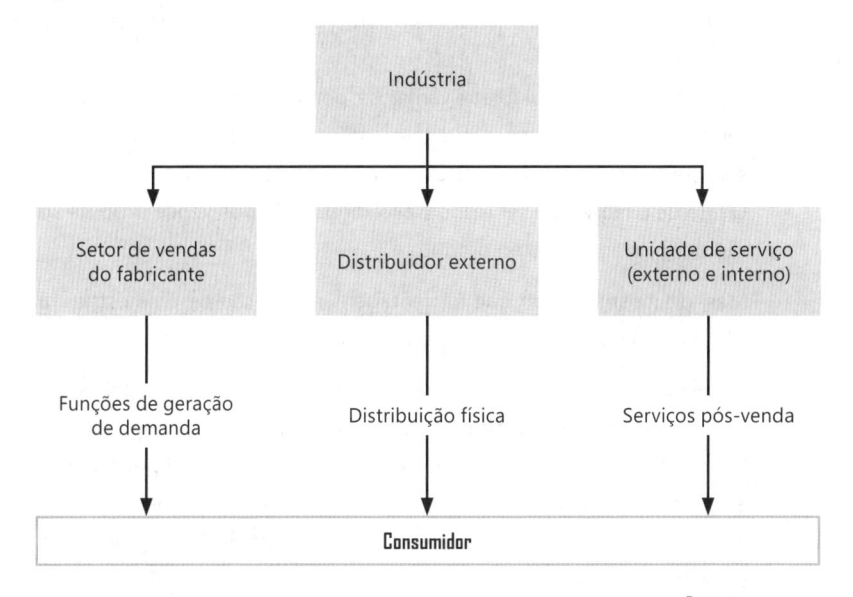

```
                        ┌─────────────┐
                        │  Indústria  │
                        └──────┬──────┘
          ┌────────────────────┼────────────────────┐
          ▼                    ▼                    ▼
  ┌───────────────┐   ┌───────────────┐   ┌───────────────────┐
  │ Setor de vendas│   │ Distribuidor  │   │ Unidade de serviço│
  │ do fabricante │   │    externo    │   │ (externo e interno)│
  └───────┬───────┘   └───────┬───────┘   └──────────┬────────┘
          │                   │                      │
  Funções de geração    Distribuição física    Serviços pós-venda
     de demanda
          │                   │                      │
          ▼                   ▼                      ▼
  ┌──────────────────────────────────────────────────────────┐
  │                       Consumidor                         │
  └──────────────────────────────────────────────────────────┘
```

Fonte: Novaes, 2004.

Novaes (2004) cita como exemplo desse tipo de estrutura uma empresa fabricante de produtos para hospitais, como seringas e acessórios cirúrgicos. Essa empresa negocia diretamente com os setores de compras dos grandes hospitais os tipos de produtos e as quantidades. Após a definição da transação comercial com o departamento de compras, a empresa informa ao hospital qual será o distribuidor encarregado de fazer a distribuição física dos produtos. A empresa fabricante possui um corpo técnico que se encarrega dos serviços de pós-venda.

Mas quais seriam as vantagens de se optar por esse tipo de estrutura de canal? Por que utilizar esse tipo de estrutura em detrimento de um canal vertical, por exemplo? Bom, entre as vantagens obtidas, destacam-se as seguintes:

- O contato direto do fabricante com os clientes possibilita estreitar as relações técnicas e comerciais.
- O *feedback* do cliente permite a melhoria contínua na linha de produtos e o desenvolvimento de novos itens.

- O contato direto com o cliente permite a venda de grandes lotes com descontos substanciais, o que nem sempre acontece quando se utiliza atacadista.

- A utilização de distribuidores é vantajosa, pois eles atendem a uma grande relação de fornecedores, o que lhes confere a competência de oferecer serviços logísticos eficientes e com menores custos.

- O fato de o fabricante ser responsável direto pelo pós-venda propicia ao cliente valor agregado ao produto.

Mas, do mesmo modo que há vantagens na adoção de uma estrutura de canal híbrido, também existem algumas desvantagens. Veja quais são elas:

- Necessidade de compensação financeira entre agentes da cadeia de suprimentos, ou seja, como o elemento que tem o contato direto com o cliente (nesse caso, o distribuidor externo) não é mais responsável por todas as atribuições do canal, há a necessidade de uma contrapartida monetária entre os componentes da cadeia, exigindo transparência entre as partes em relação aos custos envolvidos.

- Os distribuidores podem estar trabalhando para outros canais concorrentes e deverão balancear sua carga de trabalho. Suponha que a empresa fabricante de seringas mencionada anteriormente tenha um distribuidor que faça a distribuição do mesmo produto para um concorrente, porém utilizando-se de um canal vertical. Nessa situação, o distribuidor tem mais autonomia, pois é ele quem adquire a posse do produto e vai fazer a negociação direta com os hospitais. Numa hipotética situação de decisão, qual dos dois canais seriam priorizados?

IMPORTANTE!

Fica evidente que, para a adoção de um canal híbrido, são necessários acordos comerciais muito bem planejados e transparentes, que pensem em solucionar os conflitos de interesses.

A Figura 2.11 mostra a estrutura de um canal híbrido em conflito com um canal vertical.

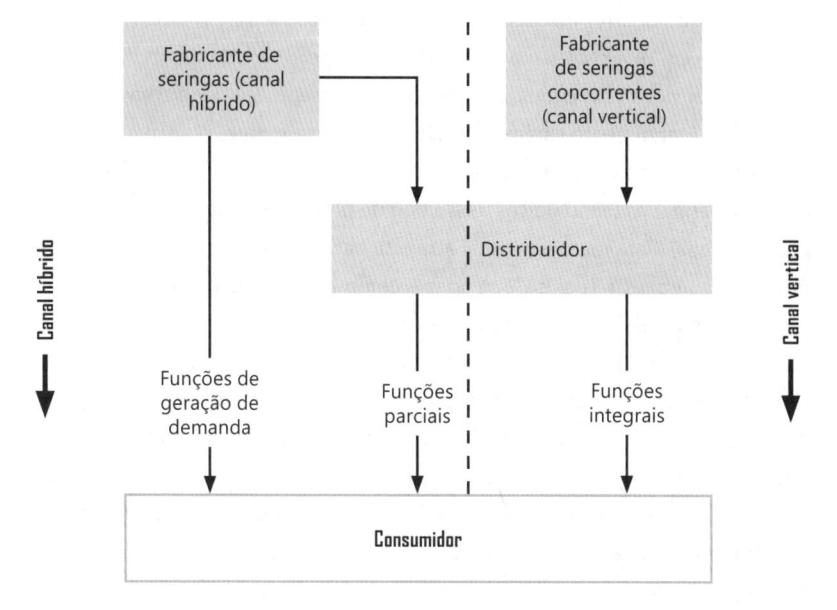

Figura 2.11 Canais híbridos (conflitos de atuação)

```
Canal híbrido →                                                    ← Canal vertical

    ┌─────────────┐                          ┌─────────────┐
    │ Fabricante  │                          │ Fabricante  │
    │ de seringas │                          │ de seringas │
    │   (canal    │──────────┐               │ concorrentes│
    │  híbrido)   │          │               │(canal vertical)│
    └─────────────┘          │               └─────────────┘
                             ▼                      │
                    ┌─────────────────┐             │
                    │   Distribuidor  │             │
                    └─────────────────┘             │
           │                  │                     │
           ▼                  ▼                     ▼
       Funções de          Funções              Funções
       geração de          parciais             integrais
        demanda

                    ┌─────────────────┐
                    │    Consumidor   │
                    └─────────────────┘
```

Fonte: Elaborado com base em Novaes, 2004, p. 118.

2.6 CANAIS MÚLTIPLOS

Há uma terceira possibilidade de canais de distribuição: os canais múltiplos. Como o próprio nome sugere, trata-se de uma estrutura que possibilita a ação de dois canais ao mesmo tempo, utilizando um mesmo tipo de produto e agindo sobre consumidores diferentes.

Caso típico de utilização de canais múltiplos refere-se ao consumo de produtos relativos a informática, como *notebooks* e *tablets*.

> **IMPORTANTE!**
>
> Um canal múltiplo tem como característica a utilização de mais de um intermediário para distribuir os mesmos produtos, ou seja, mais de uma possibilidade de caminho até chegar ao consumidor final, que normalmente apresenta peculiaridades.

Vamos entender como se comporta essa estrutura. A venda do *notebook* ou *tablet* pode ocorrer em um canal de distribuição de varejo – como em uma loja física – em que o consumidor final tem a oportunidade de verificar o produto, tirar dúvidas com o vendedor e, se assim desejar, efetuar a compra. Nesse caminho, o atendimento será personalizado e normalmente o preço do produto será um pouco mais alto. Via de regra, consumidores menos acostumados com as particularidades tecnológicas desse tipo de produto são os que se interessam por esse canal. Para manter o canal atraente para o consumidor em face de seu preço mais alto, estratégias de vendas – como garantia estendida, inclusão de *softwares* adicionais, bolsas para transportes etc. – podem ser utilizadas.

Por outro lado, o consumidor final tem a opção de adquirir o mesmo produto na internet. Nesse cenário, o consumidor possui um conhecimento um pouco mais avançado sobre computação e decide utilizar essa estrutura de canal, que normalmente apresenta um preço mais competitivo em relação às lojas físicas.

Repare que, para cada intermediário escolhido pelo consumidor, haverá uma tratativa e uma estrutura logística diferenciada da forma como é efetuado o estoque do produto até o transporte do centro de distribuição para varejo e, enfim, até o consumidor final.

Para o fabricante, ter canais múltiplos para distribuição de seus produtos propicia o alcance de um maior número de clientes, aumentando a competitividade da empresa. No entanto, como já vimos em outros tipos de canais, poderá haver conflitos entre os intermediários.

Novaes (2004) descreve de forma clara como isso pode acontecer. Imagine dois canais de distribuição, sendo que um deles é responsável pela venda a grandes consumidores, que adquirem uma quantidade maior de produtos a custos menores. A maioria dos clientes desse canal compra um produto com maior valor agregado denominado P1 e, eventualmente, o produto P2, menos sofisticado e utilizado em áreas específicas da empresa. O distribuidor A (conforme Figura 2.12) é encarregado de fazer a distribuição dos dois produtos. O distribuidor B, por sua vez, distribui o produto P2 para pequenos distribuidores. Como a margem do produto P1 é maior, por este ter características tecnológicas superiores ao P2, fica permitido ao distribuidor A cobrir suas despesas fixas apenas com as vendas do produto P1. Ele poderá, nesse caso, oferecer preços menores para o produto P2, ocasionando um conflito com o distribuidor B.

Uma forma eficiente de resolver essa desavença é definir claramente a atuação de cada intermediário em relação aos produtos e modelos a serem vendidos em cada canal.

Figura 2.12 Canais múltiplos com conflito de atuação

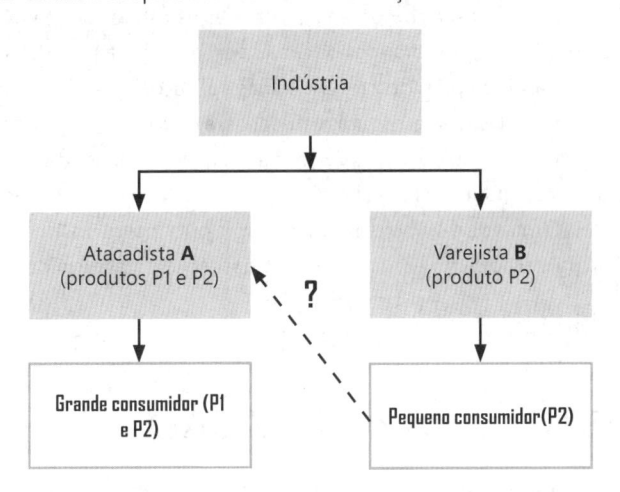

```
                    ┌─────────────┐
                    │  Indústria  │
                    └──────┬──────┘
              ┌────────────┴────────────┐
              ▼                         ▼
      ┌───────────────┐         ┌───────────────┐
      │ Atacadista A  │◄--?--   │  Varejista B  │
      │(produtos P1 e P2)│      │ (produto P2)  │
      └───────┬───────┘         └───────┬───────┘
              ▼                         ▼
      ┌───────────────┐         ┌───────────────┐
      │Grande consumidor(P1│    │Pequeno consumidor(P2)│
      │    e P2)      │         │               │
      └───────────────┘         └───────────────┘
```

Fonte: Novaes, 2004.

Novamente nos deparamos com a situação de que cada empresa deve analisar seu produto, seu mercado e suas possibilidades para decidir qual canal escolher. Mas, se conhecer as opções disponíveis, terá maior probabilidade de acerto.

Síntese

Abordamos neste capítulo a importância do entendimento de como funcionam os canais de distribuição e sua conexão com os processos logísticos.

Comparamos distribuição física e canais de distribuição, que eventualmente causam alguma ambiguidade. Em seguida, apresentamos as definições de estratégias de distribuição direta, exclusiva e intensiva, sempre com um olhar logístico.

Quando tratamos dos intermediários, procuramos entender quem eles são, quais são suas funções e por que precisamos deles.

Comparamos características dos processos de produção com os processos de serviços utilizados pelos intermediários e verificamos como atuam os atacadistas, os varejistas, os distribuidores e os agentes.

Para reforçar a compreensão sobre as estruturas dos canais de distribuição, apresentamos os canais verticais, os canais híbridos e os canais múltiplos, descrevendo suas aplicações e seus conflitos.

Com relação às estruturas estudadas, e com o propósito de cada vez mais distribuir bens e serviços para a maior quantidade possível de consumidores e com alto nível de serviço, podemos refletir que mais formas de distribuição podem surgir, principalmente em função da utilização cada vez mais marcante das tecnologias de informação.

QUESTÕES PARA REVISÃO

1. Canais de distribuição tem como base conhecimentos específicos em *marketing* que se referem a técnicas e métodos destinados ao desenvolvimento das vendas, fundamentados em quatro pilares de sustentação. Partindo dessa informação, responda:
   a) Quais são os pilares (4 Ps) de sustentação do *marketing*?
   b) Qual dos 4 Ps refere-se aos canais de distribuição?

2. Uma questão pertinente ao estudar os canais de distribuição diz respeito às diferenças entre estes e a distribuição física. Com base nos nossos estudos, defina cada um deles.

3. As estratégias de distribuição de *marketing* e logística deram origem a alguns sistemas de distribuição muito utilizados pelas organizações. Considerando nossos estudos, assinale a alternativa que descreve corretamente uma das características do sistema de distribuição intensiva:
   a) Sistema em que se utiliza um ou poucos intermediários de forma exclusiva. Tem como base um acordo em que o distribuidor (varejista, por exemplo) se compromete através de contrato firmado para vender produtos de apenas um fabricante.

b) Tem como objetivo distribuir o produto no maior número possível de pontos de vendas. Normalmente é utilizado para produtos de alto consumo e baixo valor agregado (baixo custo unitário).

c) Do ponto de vista logístico, tem-se nesse sistema um trabalho intensivo no sentido de se adaptar às normas do fabricante. Um exemplo de utilização desse sistema é o setor automobilístico.

d) Uma forma de operar esse sistema é por meio de representantes comerciais, que levam os produtos aos pontos de varejo – lojas que detenham exclusividade na venda do produto.

e) Um exemplo característico desse sistema é o utilizado por algumas empresas fabricantes de cosméticos, que recorrem a promotores autônomos (e não vendedores contratados como funcionários) para realizar as vendas.

4. Os canais de distribuição apresentam objetivos específicos dentro do sistema de vendas e distribuição. Segundo Novaes (2004), os objetivos dos canais podem ser identificados em alguns fatores gerais que estão presentes na maioria dos casos dos canais de distribuição.

De acordo com esse texto e com o conteúdo abordado neste livro, analise as afirmativas a seguir e assinale a(s) alternativa(s) correta(s), que descreve(m) alguns fatores que estão presentes na maioria dos casos dos canais de distribuição:

I) Garantir a rápida disponibilidade do produto nos segmentos do mercado identificados como prioritários.
II) Intensificar ao máximo o potencial de vendas do produto em questão.
III) Obter a individualidade dos participantes da cadeia de distribuição no que se refere aos fatores chaves do *marketing*.
IV) Buscar a cooperação entre os participantes da cadeia de suprimento no que se refere aos fatores relevantes relacionados com a distribuição.

Agora, assinale a alternativa que indica o(s) item(ns) correto(s):

a) I, apenas.
b) II, apenas.
c) I, II e IV.
d) I, III e IV.
e) I, II, III e IV.

5. Com o propósito de cada vez mais distribuir bens e serviços para a maior quantidade possível de consumidores e com alto nível de serviço, faz-se necessário conhecer as estruturas dos canais de distribuição. Entre os canais estudados está o denominado *canal híbrido*. Com base em nossos estudos, responda as questões a seguir:
   a) Como funciona um canal híbrido?
   b) Quais são suas vantagens e desvantagens?

Questões para reflexão

1. Neste livro, foi utilizado um conceito de *marketing* para contextualizar a importância dos canais de distribuição: os 4Ps. Dentro desse contexto envolvendo produto, preço, promoção e ponto de venda (distribuição), qual é a percepção do cliente quanto à distribuição do produto e o papel dos intermediários?

2. Quando tratamos sobre os intermediários nos canais de distribuição, foi sugerida uma comparação entre os métodos de trabalho da produção com os serviços ofertados pelos intermediários. O que pode ser aplicado dos métodos de produção nos serviços dos intermediários nos canais de distribuição?

3. Em nossos estudos, foram abordados três principais canais utilizados na distribuição de produtos: canais verticais, canais híbridos e canais múltiplos. Com a evolução constante da tecnologia e com clientes cada vez mais exigentes, quais outros canais de distribuição poderiam ser criados?

Para saber mais

Neste capítulo, verificamos os canais de distribuição de forma geral, com seus objetivos e suas funções e os vários tipos de estrutura. No entanto, no cotidiano das empresas, surgem obstáculos e problemas que, uma vez estudados, servirão como lição aprendida para o profissional que atua nessa área.

Nesse sentido, acesse o texto da *Revista Logística & Supply Chain*, do Imam (Instituto de Movimentação e Armazenagem de Materiais). Nesse texto, é possível compreender as dificuldades do processo logístico de distribuição de alimentos perecíveis. Boa leitura!

REZENDE, A. C. da S. Movimentação. **Revista Logística & Supply Chain**, 27 maio 2011. Disponível em: <http://www.imam.com.br/logistica/noticias/movimentacao/107-logistica-de-distribuicao-de-alimentos-pereciveis>. Acesso em: 16 maio 2018.

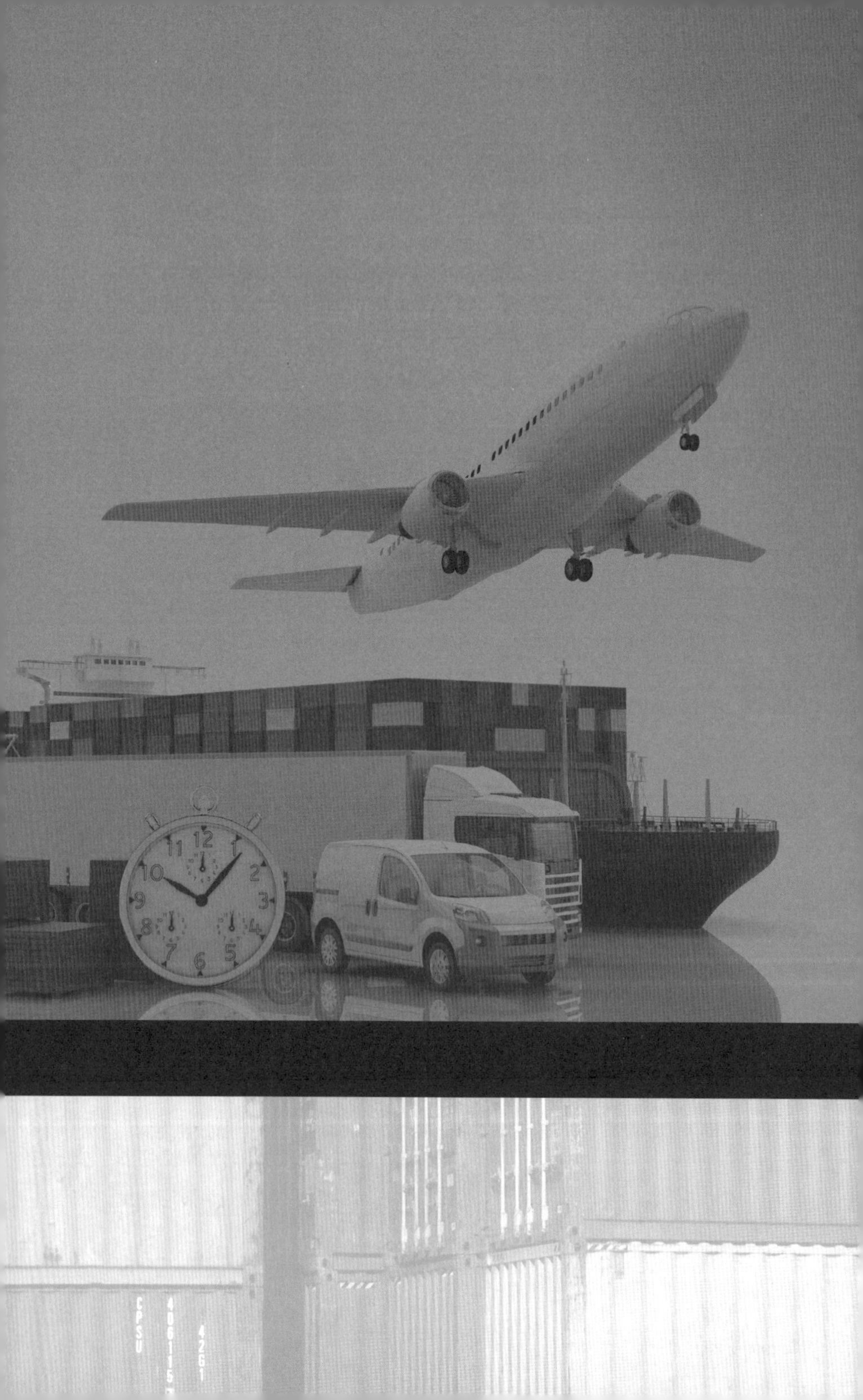

3

Componentes da distribuição

Conteúdos do capítulo:

- Integração das operações.
- Operações e impacto do ciclo de vida dos produtos.
- *Trade marketing*.
- Características dos modais sobre a distribuição.
- Características dos centros de distribuição.

Após o estudo deste capítulo, você será capaz de:

1. identificar quais são os componentes e operações da distribuição;
2. perceber a integração entre as operações da distribuição;
3. compreender como as operações de distribuição são afetadas pelo ciclo de vida dos produtos;
4. elencar características do *trade marketing* que interferem na distribuição;
5. entender como os modais de transporte se relacionam na distribuição e quais são as suas características mais impactantes;
6. saber o que são e como se definem os centros de distribuição e como auxiliam na distribuição.

ATÉ AQUI, abordamos o histórico e a evolução da logística, assim como as principais características da distribuição e dos canais de distribuição. Agora, a ideia é detalhar quais são os principais componentes da distribuição que precisam ser planejados para que o nível de serviço ao cliente seja plenamente atingido e os clientes fiquem satisfeitos.

Neste capítulo, mostramos quais são as operações que estão interligadas à distribuição a fim de que você compreenda o impacto do ciclo de vida dos produtos na execução da distribuição. Tratamos também da relação da distribuição com o *trade marketing*, dos modais de transportes e, finalmente, dos centros de distribuição.

3.1 Integração das operações

Embora as operações logísticas aconteçam todas concomitantemente, propomos uma divisão para fins didáticos – a fim de visualizar melhor suas características. É comum haver autores que tratam apenas de transportes, apenas de armazenagem ou de distribuição. Mas é fundamental ter em mente o todo e a interligação entre essas atividades na prática, afinal, uma atividade interfere na realização da outra e qualquer situação adversa em uma tem reflexo direto nas demais.

As principais operações são aquelas que fazem a cadeia de suprimentos funcionar: transportes, armazenagem e informações. A Figura 3.1 apresenta as principais operações, com uma breve descrição. É importante considerar que o JIT (*just in time*) se refere ao ato de trabalhar sem estoques ou com os menores estoques necessários em toda a cadeia de suprimentos.

Figura 3.1 Principais operações

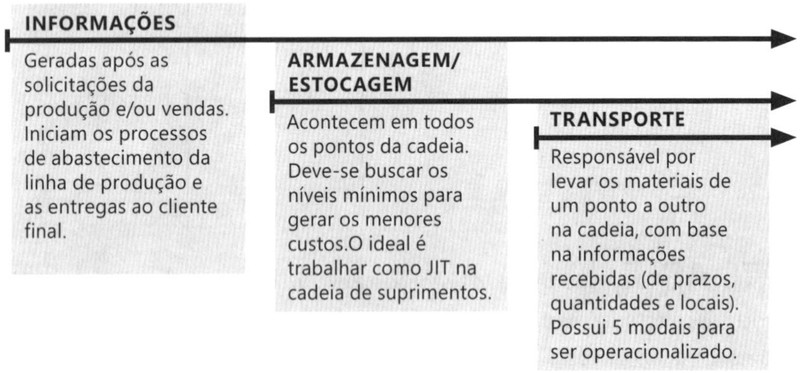

INFORMAÇÕES		
Geradas após as solicitações da produção e/ou vendas. Iniciam os processos de abastecimento da linha de produção e as entregas ao cliente final.	**ARMAZENAGEM/ ESTOCAGEM** Acontecem em todos os pontos da cadeia. Deve-se buscar os níveis mínimos para gerar os menores custos. O ideal é trabalhar como JIT na cadeia de suprimentos.	**TRANSPORTE** Responsável por levar os materiais de um ponto a outro na cadeia, com base na informações recebidas (de prazos, quantidades e locais). Possui 5 modais para ser operacionalizado.

A Figura 3.1 mostra as principais operações realizadas pela distribuição, sendo que a execução de cada uma delas influencia todas as outras. As informações definem o que deve ser transportado, além de dizer qual o prazo, o local e a quantidade fornecida – enfim, todas as características da operação. Essas informações normalmente são repassadas pelo *marketing* no ato da venda. O responsável pelo transporte, podendo ser terceirizado ou não, define a necessidade de utilização de um centro de distribuição para a armazenagem ou até mesmo para a centralização das mercadorias – o que pode facilitar novas rotas. Ele pode, ainda, fazer a entrega diretamente ao solicitante (muitas vezes, este é o cliente final).

Essas decisões são tomadas de forma a otimizar os recursos utilizados e a evitar custos desnecessários. Em algumas situações, pode ser mais vantajoso trabalhar com apenas um centro de distribuição, em outras, com nenhum. Tudo dependerá do tipo de produto e local onde a empresa está localizada.

O Capítulo 4 apresentará temas diretamente relacionados a essas escolhas, como estratégias de localização, roteirização de veículos e tecnologias aplicadas à distribuição.

3.2 OPERAÇÕES E IMPACTO DO CICLO DE VIDA DOS PRODUTOS

Neste item, explicaremos de que forma cada uma das operações dentro do canal de distribuição, já detalhadas nos capítulos anteriores, sofre interferências de acordo com a etapa do ciclo de vida do produto.

> **IMPORTANTE!**
>
> A fase do ciclo de vida em que o produto se encontra vai exigir uma forma de atuação diferenciada tanto por parte da logística quanto da distribuição.

Para entender bem esse tipo de classificação, será preciso definir o que é um *ciclo de vida do produto*. Este é um termo comumente utilizado pelo *marketing*, mas que interfere na operação logística. Segundo Chiavenato (2014, p. 108):

> Todo produto ou serviço tem uma existência definida: ele nasce, cresce, amadurece, envelhece e morre. Alguns produtos ou serviços têm uma existência mais longa no mercado, enquanto outros permanecem durante pouco tempo. É o que chamamos de ciclo de vida de um produto ou de um serviço. O ciclo de vida de um produto ou serviço está relacionado com o tempo que ele consegue permanecer no mercado. A vida de um produto/serviço pode ser dividida em um ciclo composto por quatro fases: introdução, crescimento, maturidade e declínio.

Conforme explicamos anteriormente, nosso intuito é focar no que se refere ao produto, pois a distribuição trabalha com produtos e não com serviços. Contudo, o ciclo de vida está presente em ambos.

O **ciclo de vida do produto** é classificado, basicamente, em quatro etapas:

- **Etapa 1** – Nascimento do produto; engloba o desenvolvimento e o lançamento deste.
- **Etapa 2** – Crescimento das vendas do produto, atingindo maiores mercados e ampliando o volume negociado.

- **Etapa 3** – Maturidade do produto, quando o mercado já atingiu seu ponto máximo e se mantém constante, estável.
- **Etapa 4** – Declínio nas vendas e redução do mercado atingido, podendo inclusive chegar à extinção.

Mas quais são as características de cada uma dessas etapas? E, principalmente, quais são as características de cada etapa que se relacionam com a função da logística? Como isso se relaciona com os canais de distribuição? As discussões começam com o Gráfico 3.1.

Gráfico 3.1 Gráfico do ciclo de venda do produto

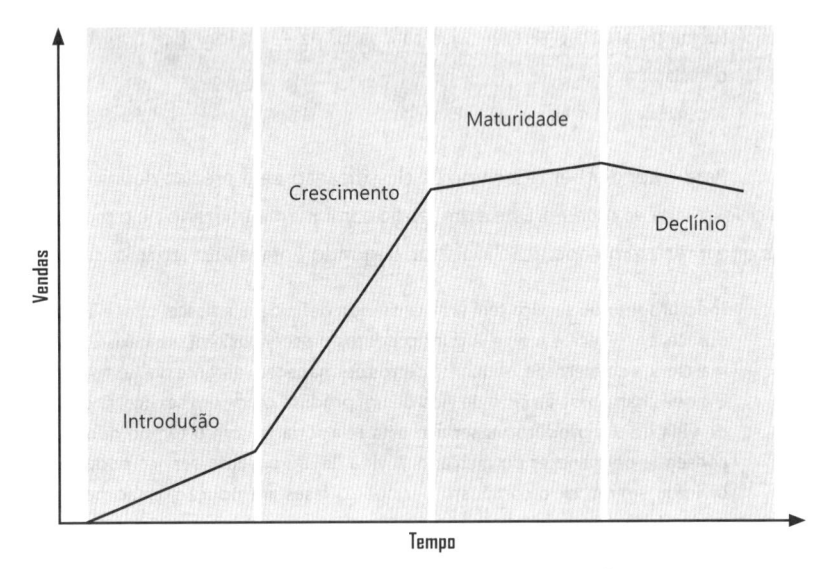

[Gráfico com eixos Vendas (vertical) e Tempo (horizontal), mostrando as fases: Introdução, Crescimento, Maturidade e Declínio]

Fonte: Chiavenato, 2014, p. 110.

O Gráfico 3.1 mostra a evolução das etapas do ciclo de vida do produto ao longo do tempo e sua relação com o volume de vendas. Um aspecto importante que podemos ressaltar aqui é que cada produto, cada mercado, terá um gráfico específico. Assim, o tempo do ciclo de vida do produto poderá ser mais longo ou mais curto. Não há um período predeterminado para cada tipo de produto e nem previsibilidade, mas as etapas estão normalmente presentes em todos os produtos e mercados.

Detalharemos essas etapas para mostrar os desafios de cada uma delas do ponto de vista da distribuição.

Etapa 1

A etapa 1 está relacionada ao nascimento do produto e engloba o seu desenvolvimento e lançamento. Para isso, a empresa faz uma pesquisa de mercado, decide lançar o produto e estabelece suas características ao perceber uma oportunidade.

Nesse momento, um dos fatores mais importantes é ter contato próximo com os fornecedores. Isso funciona para saber se eles terão a capacidade de atender à demanda que a empresa vai ter com o lançamento do novo produto. Essa relação de parceria entre fornecedor e a indústria responsável pelo produto é fundamental para que as atividades ocorram conforme o planejado. Em contrapartida, também significa que a indústria principal dependerá dos fornecedores para poder produzir esse produto, principalmente se for um produto inovador.

Também é importante que a empresa já tenha predeterminado como será realizada a distribuição e quais serão os canais utilizados – se trabalhará só com um varejista, se terá um centro de distribuição, se haverá representante, enfim, as principais características dos canais de distribuição.

Importante!

Essa é a fase piloto de lançamento do produto, quando a empresa testa esse mercado, suas parcerias e seus canais. As decisões serão tomadas com base em pesquisa realizada, a qual deve mostrar que o produto vai ser aceito e já está pronto para o lançamento. Ainda assim, a empresa precisará testar para ver se realmente pode investir mais no produto e no mercado e se as probabilidades apresentadas na pesquisa serão confirmadas.

No começo, normalmente as empresas acabam atuando com poucos canais de distribuição, com o objetivo de realmente perceber como o cliente consumidor vai lidar com o produto novo. O grande desafio nessa etapa é que as informações de pesquisa têm de estar muito bem elaboradas, com nível de erro mínimo, para que todos possam confiar nas informações. Isso porque ainda não se tem um histórico e não se sabe como o produto vai se comportar no mercado e qual é a percepção real do cliente em relação ao produto.

Para a logística, o principal desafio está no planejamento. É fundamental o acesso à informação com antecedência para que as atividades possam ser programadas e as operações transcorram conforme previsto. Trata-se das informações e, inclusive, do fluxo – abordados no Capítulo 1.

Porém, nessa etapa, as informações são escassas e muitas vezes inexistentes, de forma a dificultar o trabalho da logística. A harmonia das atividades e a busca pelo cliente final satisfeito sobrecarregam as atividades logísticas, gerando inclusive maiores custos se comparados com os custos existentes nas demais fases do ciclo de vida dos produtos. Contratos de prestação de serviços com transportadores ainda não podem ser firmados, pois ainda não se tem as informações geográficas e de volume estabelecidas. É um momento de testes, de parcerias e de conhecimentos para todos os envolvidos.

Nessa etapa, além da imprevisibilidade, um dos principais desafios do desenvolvimento é saber lidar com as embalagens e entender como elas se comportam no percurso até o cliente final. É um estudo que identifica as melhorias possíveis na embalagem, conforme as atividades de entrega se desenvolvem.

Etapa 2

A etapa 2 é o momento do crescimento das vendas do produto, atingindo maiores mercados e ampliando o volume negociado. Depois que o produto teve seu lançamento e aceitação, começa a crescer e se estabelecer. O mercado que a empresa planejou atingir desde o início do lançamento começa a ser explorado.

É importante ressaltar que, nessa etapa de crescimento, muitas vezes as empresas são surpreendidas por situações imprevistas. Pode ocorrer um crescimento de vendas muito maior que o esperado, ou atingir regiões antes não imaginadas, ou até mesmo conquistar clientes que não estavam previstos no desenvolvimento do produto. Nesses casos, a empresa deve estar muito atenta para aproveitar as oportunidades e crescer o máximo possível. O papel da distribuição nesse momento é crucial, pois um produto indisponível não proporcionará crescimento conforme previsto ou possível.

Esse é o principal desafio da logística e da distribuição: ter o produto disponível no mercado. Lembrando que esse mercado nem sempre é no mesmo país ou região; o que pode adicionar novos desafios a essa operação. Nessa fase, se o cliente vai até um ponto de venda e não encontra o produto, já se sente desestimulado e acaba não comprando, ou talvez optando por uma marca concorrente.

> **IMPORTANTE!**
>
> A disponibilidade do produto no ponto de venda é fundamental para o sucesso no crescimento das vendas. O produto não deve faltar no ponto de venda, que pode ser um varejista ou uma compra pela internet (com entrega cumprida no prazo).

Nesse caso de vendas pela internet, é preciso procurar não gerar grandes estoques para não aumentar muito o custo e, ao mesmo tempo, ter disponibilidade. Esse, obviamente, é um grande desafio: a empresa precisa dispor do produto que está em crescimento, mas não sabe até onde ele vai crescer. Pode ser que ele cresça até 100 unidades diárias ou até 1.000 unidades diárias – informações que não são conhecidas.

Mas o desafio é ter a disponibilidade sem impactar no custo, já que uma empresa que possui um estoque gigantesco tem disponibilidade do produto, mas também tem um custo muito alto, e o objetivo não é esse. A ideia é de que a logística consiga operar com um estoque o mais próximo possível do mínimo, tendo produto disponível e sempre aumentando essa capilaridade, a fim de manter a disponibilidade.

É preciso acompanhar os resultados, tanto positivos quanto negativos dos canais de distribuição, de forma a saber o que precisa ser melhorado e o que está funcionando. É essencial, também, ter flexibilidade para mudanças enquanto o produto ainda se encontra nessa fase de crescimento.

Um último desafio dessa etapa está relacionado ao transporte e ao volume de entrega (ter o espaço necessário nas transportadoras). É preciso lembrar que esse volume está em crescimento e pode ser alterado de uma semana para a outra.

ETAPA 3

A etapa 3 é o momento que o produto atinge sua maturidade de vendas, alcança a estabilidade ao longo de um período de tempo. O mercado já atingiu seu ponto máximo e se mantém constante nesse nível. Nesse momento, a demanda e a oferta estão estabilizadas e pode-se dizer que o produto está numa fase madura, que já é conhecido do mercado e já tem uma clientela fiel. Como característica dessa etapa, percebemos que há a estabilidade ao longo do tempo, não sendo possível identificar crescimento nem diminuição em relação ao volume de vendas e à sua procura.

> **IMPORTANTE!**
>
> Mesmo envolvendo maior volume de produtos trabalhados, se comparada com as demais etapas, a terceira etapa é a ideal do ponto de vista da distribuição e da logística. Podemos afirmar isso porque, nesse momento, conseguimos prever quantidades e locais, assim como trabalhar com histórico, o que é muito importante para perceber sazonalidades e se preparar para estas da melhor forma.

O planejamento fica mais adequado pela disponibilidade do maior número de informações, tanto do produto quanto dos percursos e dos clientes. A região geográfica em que a empresa está instalada também é conhecida, facilitando as operações de carga e descarga.

A etapa de maturidade possibilita a formação de parcerias com empresas especializadas nas principais atividades, como: transportadoras, centros de distribuição, armazéns e controle.

A instabilidade e a imprevisibilidade presentes nas etapas anteriores não existem nesse momento. Porém, isso não significa que se pode relaxar em relação aos procedimentos e ao controle das operações, porque as atividades não são automáticas e podem sempre gerar gargalos e situações que fogem ao controle da empresa. Com acompanhamento e planejamento, essas situações são monitoradas e podem ser substituídas a tempo de não gerar impacto negativo no cliente final.

Essa previsibilidade também não impede a busca por melhoria contínua, principalmente nos processos de distribuição, a fim de garantir a competitividade por meio da logística já trabalhada no início deste livro.

Vamos fazer uma ressalva aqui para um conceito muito importante e muito buscado pela distribuição: a **melhoria contínua**. Esse conceito foi originado na filosofia do *kaizen*. De acordo com Chiavenato (2008, p. 126):

> Os japoneses [...] praticavam a administração participativa com ênfase no trabalho em grupos e equipes, a ampla participação das pessoas no processo

decisório da empresa, a ampliação das responsabilidades dos funcionários pela tarefa e sobretudo pela qualidade da tarefa e do produto, a confiança mútua e recíproca, e, principalmente, a melhoria contínua de tudo o que se faz interna e externamente na empresa. A filosofia seguida chamava-se *kaizen*.

Esse conceito é fundamental não só no momento da etapa 3, mas em todas as operações e atividades da empresa. Ele pode interferir diretamente no nível de serviço ao cliente e na competitividade empresarial. Mas esse assunto, que daria um livro à parte, será abordado no Capítulo 6.

ETAPA 4

Chegamos à etapa 4, que representa o declínio nas vendas e a redução do mercado atingido, podendo, inclusive, levar o produto à extinção. Aqui teremos uma bifurcação das atividades, pois as empresas precisarão decidir o caminho a seguir. A primeira opção é encerrar a fabricação do produto. Já a segunda opção visa reformular o produto para que tenha um relançamento e volte a crescer em uma sobrevida da sua etapa de maturidade.

Para melhor visualização dessas duas situações no momento de declínio, vamos acompanhar a Figura 3.2.

Figura 3.2 Opções da etapa 4 (declínio)

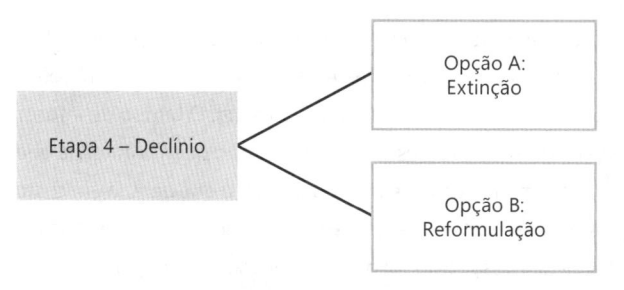

Etapa 4 – Declínio
- Opção A: Extinção
- Opção B: Reformulação

Assim que a etapa de declínio for identificada, é importante que a empresa considere o maior número possível de variáveis na hora de escolher uma das duas opções apresentadas na Figura 3.2, pois cada opção gera ações a serem realizadas em sentidos opostos.

Sabe-se que o produto entrou nessa fase de declínio quando uma queda significativa e constante nas vendas é percebida e o mercado atingido é reduzido. Várias são as razões que podem levar o produto ao declínio, dentre elas podemos destacar: surgimento de novos produtos (que tornam os antigos obsoletos), sazonalidade e mudança do consumidor.

Daremos alguns exemplos para as duas primeiras situações, mas não comentaremos sobre a mudança no consumidor, pois isso já foi abordado quando mencionamos, no Capítulo 1, a Pirâmide de Maslow e as necessidades dos clientes.

Entre os produtos que se tornaram obsoletos, a crise do mercado fonográfico é um exemplo. Hoje, a venda de CDs é pequena porque o produto está sendo substituído por plataformas de *streaming*. É a tecnologia interferindo no ciclo de vida do produto – nesse caso, colocando os CDs dentro da etapa de declínio. Nesse caso, as indústrias estão produzindo cada vez menos discos compactos porque eles não vendem. Dá para identificar alguns problemas logísticos gerados por essa queda: altos estoques de matéria-prima e necessidade de redução de parcerias de distribuição (muitas vezes com rescisão de contrato). Esse último fator pode gerar aumento no prazo de entrega e nos custos, pois passa a acontecer de forma ocasional.

Outro exemplo tem relação com a sazonalidade. É muito comum em épocas festivas, como na Copa do Mundo ou na Olimpíada, haver um aumento nas vendas de itens relacionados ao futebol ou a outros esportes, usando as cores da bandeira do Brasil. Assim que o evento termina, ocorre a queda de vendas até um patamar mínimo.

Assim que o *marketing* identifica essa situação, é preciso informar à logística e à produção. O passo seguinte é definir se o produto será reformulado ou levado à extinção (mesmo caminho da Figura 3.2). O tempo de informação é fundamental para que os estoques sejam esgotados o quanto antes, já que o objetivo não é ficar com um produto obsoleto guardado, o que geraria um custo alto. Fazer promoções ou doar os itens de um estoque grande são também saídas possíveis.

O principal desafio no caso da logística seria o acompanhamento da necessidade de parcerias com transportadoras e armazéns, pois torna-se inviável manter a estrutura já existente, para uma fase de maturidade, na fase de declínio. Saber o momento que os contratos podem ser cancelados e encerrar as parcerias é muito difícil para logística, mas essencial para não gerar prejuízos.

Resumidamente, as etapas do ciclo de vida e os desafios da logística cabem todas em um único quadro, mostrado a seguir.

Quadro 3.1 Comparação entre o ciclo de vida e o desafio logístico

Etapa do ciclo de vida	Desafio logístico
Etapa 1 – Lançamento	Falta de previsibilidade, desconhecimento do local, embalagem e acondicionamento.
Etapa 2 – Crescimento	Capacidade de cumprir prazos e volumes de entrega.
Etapa 3 – Maturidade	Momento ideal, mas exige controle das atividades e informação.
Etapa 4 – Declínio	Capacidade de armazenagem e transporte ociosa.

Após a junção das informações no Quadro 3.1, percebemos com clareza que cada etapa do ciclo de vida do produto gera um desafio logístico diferenciado. Significa que a logística terá de trabalhar com mais atenção para cada uma das áreas, de forma a alcançar o nível de serviço ao cliente esperado e planejado.

Outros fatores que interferem diretamente na operação logística, como o *trade marketing*, serão detalhados a seguir.

3.3 TRADE MARKETING

O *trade marketing* é um conceito que não envolve diretamente o cliente final e tem relação com as trocas entre as empresas que compõe uma cadeia de suprimentos.

Muitas vezes encontramos o termo **B2B** (*business to business*) para definir essas relações. Mas o que seria o B2B e qual o impacto na distribuição? Esse termo está relacionado às operações estabelecidas exclusivamente entre empresas, sem que o cliente final (consumidor) participe. Temos também o B2C (*business to consumer*), que aborda as relações e transações entre as empresas e os consumidores. Mas nosso foco aqui, para falar de *trade marketing* e distribuição, será o B2B.

IMPORTANTE!

A terminologia *trade marketing* engloba todas as transações que acontecem entre as empresas. Como o *marketing* é o setor responsável por coletar as informações com os clientes e estabelecer a forma que eles serão atendidos, deve também repassar essas informações para a logística e para a produção.

Quando falamos de uma cadeia de suprimentos, essas relações envolvem mais de uma empresa e é nesse momento que o *trade marketing* atuará, de forma a gerenciar as informações para que todos as recebam no momento em que necessitam, gerar harmonia nas operações e evitar trabalho perdido.

Para que as informações fluam de forma adequada entre as empresas, é fundamental que haja uma boa comunicação entre elas. Para Matos (2014, p. 110):

> Comunicação empresarial é a relação da empresa com o seu público interno e externo, envolvendo um conjunto de procedimentos e técnicas destinados à intensificação do processo de comunicação e à difusão de informações sobre as suas atuações, resultados, missão, objetivos, metas, projetos, processos, normas, procedimentos, instruções de serviço etc. É um recurso estratégico de gestão que, quando bem aproveitado, pode garantir o funcionamento coeso, integrado e produtivo da empresa, ou seja, a comunicação tem todo o potencial para ser uma vantagem competitiva ou um enorme problema.

Entendemos a importância das trocas entre as empresas quando observamos que uma falha apenas nesse processo de comunicação B2B é o suficiente para que o fracasso da operação aconteça. Da mesma forma, a sua eficiência acarretará satisfação do cliente. Essas informações serão a base para a tomada de decisão logística no que se refere à distribuição.

Dentre as decisões que afetam diretamente a distribuição está a escolha do modal que interliga as empresas da cadeia de suprimentos. Esse, inclusive, será nosso próximo tópico.

3.4 Características dos modais sobre a distribuição

A execução das atividades logísticas está diretamente relacionada aos modais de transporte.

Importante!

São os modais de transporte que levam matérias-primas, insumos e produtos acabados ao longo da cadeia de suprimento, do fornecedor primário inicial até o cliente final.

Antes de abordarmos as características de cada modal na distribuição, é preciso ter claro qual é a diferença entre movimentação e transporte. Embora na prática não exista muita diferenciação de operacionalização, conceitualmente ela existe e precisa ser estudada.

Movimentação é tudo o que acontece dentro da empresa, no terreno em que esta está instalada. Pode ser que essa movimentação dentro da empresa seja realizada por um caminhão. Nesse caso, realiza-se a movimentação entre dois barracões do mesmo terreno, que pode ser tão grande a ponto de um caminhão circular dentro da empresa. Claro que são mais comuns os equipamentos menores para realizar essa movimentação, como as paleteiras e as empilhadeiras, elétricas ou manuais. Há também a presença de esteiras, comuns no abastecimento de linhas de produção, que também realizam a movimentação.

A partir do momento em que se sai da empresa, do portão para fora, fala-se em *transporte*. Agora, direcionamos o foco deste estudo para os modais de transporte na distribuição. Esse transporte pode ser de matéria-prima e insumos para chegar até a indústria principal ou de produto acabado para chegar até o centro de distribuição ou para o cliente final.

Para perceber a integração entre os modais e a distribuição, assim como a interferência de cada um entre si, é importante conceituar e descrever cada um dos modais.

Existem cinco modais atualmente: rodoviário, ferroviário, aquaviário, aeroviário e dutoviário. Mas, dependendo da região de atuação da empresa, nem todos estão disponíveis a qualquer momento. Além disso, alguns produtos exigem a utilização de um modal específico. A seguir, apresentaremos a definição de cada modal, além de suas principais características no que se refere à infraestrutura (instalação e manutenção), às mercadorias, à segurança, ao tempo de transporte, à eficiência energética e à flexibilidade. Este capítulo apresenta uma comparação da situação brasileira em relação a outros países e analisa a ligação de cada um dos modais com a distribuição.

Modal rodoviário

O modal rodoviário é executado por estradas, ruas e/ou rodovias, pavimentadas ou não. Utiliza-se dos mais diversos tipos e tamanhos de caminhões, designados de acordo com o tipo de mercadoria, volume a ser transportado e local. Cada uma dessas características exige um determinado veículo. Conforme Ballou (2006, p. 155):

As vantagens inerentes do transporte rodoviário são o serviço porta-a-porta, sem necessidade de carga ou descarga entre origem e destino, transbordo esse inevitável nos modais ferroviário e aéreos; a frequência e disponibilidade do serviço, e a velocidade e comodidade inerentes ao serviço porta-a-porta. [...] o transporte rodoviário tem uma vantagem em qualidade e possibilidade de serviços no mercado de cargas de menor porte.

Importante!

A customização ou mesmo a personalização às necessidades do cliente é a principal vantagem do modal rodoviário em relação aos demais.

O Quadro 3.2 mostra as principais características do modal rodoviário e as situações que devem ser analisadas para que seja utilizado plenamente no que é mais eficiente.

Quadro 3.2 Características do modal rodoviário

Mercadoria		Qualquer
Infraestrutura	Investimento	Baixo
	Manutenção	Elevada
Tempo de transporte		Médio
Distância indicada		Até 500 km
Eficiência energética		Baixa
Segurança		Baixa
Flexibilidade		Muita

A customização é também apresentada no Quadro 3.2, no que se refere à flexibilidade e à distância ideal a ser percorrida – até 500 km (teremos o melhor custo × benefício por tonelada transportada). Claro que muitas vezes as empresas acabam optando por esse modal para distâncias maiores. Os aspectos que interferem nessa escolha serão abordados nos próximos itens. Sendo assim, o que vemos na prática, no Brasil, não é a forma ideal de utilização do transporte rodoviário. Nesse momento, estamos tratando das condições ideais para cada um dos modais.

O modal rodoviário pode ser utilizado em qualquer etapa da cadeia, para realizar entregas de matérias-primas e produtos acabados. Ou seja, não há distinção se estamos falando de *suprimentos* ou de *distribuição* para o cliente final.

Por ter a possibilidade de transportar uma variedade enorme de produtos, pode ser realizado em qualquer etapa da cadeia de suprimentos.

MODAL FERROVIÁRIO

O modal ferroviário usa trilhos e vagões. Para que possa funcionar, é preciso que haja uma infraestrutura adequada, sendo o investimento para sua implantação elevado. Geralmente depende de forma direta dos investimentos governamentais. De acordo com Ballou (2006, p. 154):

> A ferrovia é basicamente um transportador de longo curso e de baixa velocidade para matérias-primas (carvão, madeira, produtos químicos) e para produtos manufaturados de baixo custo (alimentos, papel e produtos florestais), e prefere mover cargas completas. [...] Esta diz respeito a um tamanho predeterminado de embarque, normalmente próximo ou excedente à capacidade média do vagão, sendo-lhe aplicada uma taxa estabelecida.

Em geral esse modal precisa de um planejamento prévio relacionado à infraestrutura para saber a melhor forma de atender cada região. Como está diretamente relacionado com o transporte de produtos com baixo valor agregado, deve percorrer longas distâncias para tornar o custo viável.

Essa classificação de modal inclui metrôs e trens de passageiros. Com uma ressalva aqui: não é comum encontrarmos o estudo da logística voltado exclusivamente para o transporte de pessoas, mas sim para o transporte de cargas. Porém, o transporte de pessoas também faz parte da logística. Com suas peculiaridades e sua necessidade de aprimoramento e eficiência, ele tem crescido de maneira exponencial em todo o mundo. Este livro foca no transporte de cargas, mas lembre-se de que o transporte de pessoas também existe e é muito importante.

A Quadro 3.3 mostra as principais características e indicações do modal ferroviário.

Quadro 3.3 Características do modal ferroviário

Mercadoria		Baixo valor agregado
Infraestrutura	Investimento	Elevado
	Manutenção	Baixa
Tempo de transporte		Médio
Distância indicada		Acima de 500 km

(continua)

(Quadro 3.3 – conclusão)

Eficiência energética	Elevada
Segurança	Média
Flexibilidade	Pouca

Devido principalmente às características das mercadorias transportadas (baixo valor agregado), o modal ferroviário apresenta maior utilização para a logística *inbound* (suprimentos).

> **IMPORTANTE!**
>
> Entende-se por *inbound* as atividades que antecedem a indústria principal da cadeia ou de abastecimento. Já a logística *outbound* está relacionada à distribuição de produtos acabados em direção ao cliente final (da indústria para o cliente, podendo passar por centros de distribuição, varejistas ou não).

Modal aquaviário

O modal aquaviário é todo e qualquer transporte realizado por águas. Podendo ser fluvial – acontece em rios e em lagos e lagoas (lacustre, nestes últimos casos) – ou marítimo – operado em mares e oceanos. Entre estes, o que transporta o maior volume de cargas é o marítimo e, por esse motivo, muitas vezes é confundido como sendo sinônimo de transporte aquaviário, o que não é verdadeiro. A ideia aqui é abordar o transporte aquaviário em geral. É claro que cada um deles terá suas especificidades, mas não é nosso objetivo, afinal, pretendemos dar uma visão geral do modal e sua relação com a distribuição.

Sobre o modal aquaviário, Ballou (2006, p. 157) dá as seguintes características:

> Além das *commodities* em grandes volumes, os transportadores aquaviários, especialmente os que trabalham com transporte internacional, lidam com outros produtos altamente valorizados. Essas cargas são transportadas em contêineres e em navios porta-contêiner para reduzir o tempo de manuseio, facilitar o transbordo intermodal e reduzir perdas e danos.

Os custos em perdas e danos resultantes do transporte hidroviário são considerados baixos em relação aos de outros modais, [...]. É necessário muito cuidado com a embalagem a fim de proteger os bens, especialmente contra os eventuais danos causados por manejo inadequado durante as operações de carga e descarga.

Não importa se o transporte está acontecendo por rios, mares ou lagoas, essa característica de transporte em contêiner é comum e há a necessidade de uma embalagem adequada. Isso leva em conta principalmente as situações de transbordo, em que os guindastes operam com uma velocidade que gera impacto. O contêiner em si, é resistente, porém a mercadoria deve estar bem acondicionada para tal.

Outro fator importante a ser levado em consideração nesse modal é a escolha do tipo de contêiner mais adequado para o transporte. Há vários modelos para as mais diversas situações e a escolha deve ser solicitada pelo dono da mercadoria e, muitas vezes, com antecedência, pois nem sempre o contêiner desejado está facilmente disponível.

A Quadro 3.4 apresenta as principais características do modal aquaviário.

Quadro 3.4 Características do modal aquaviário

Mercadoria		Qualquer
Infraestrutura	Investimento	Médio
	Manutenção	Média
Tempo de transporte		Baixo
Distância indicada		Média a longa
Eficiência energética		Média
Segurança		Alta
Flexibilidade		Pouca

IMPORTANTE!

Este é um modal com pouca flexibilidade, pois depende das características geográficas da localidade. Quanto maior a bacia hidrográfica de um local, mais esse modal poderá ser utilizado.

Você deve estar se questionando: Se o Brasil é um dos países com a maior bacia hidrográfica do mundo (ver Mapa 3.1, na seção "Anexos"), por que esse modal é pouco utilizado para a distribuição em comparação com os demais?

Quase todo o Brasil é atendido por rios, que seriam em sua maioria navegáveis (sem grandes cachoeiras ou correntezas violentas). Ainda assim, o modal mais utilizado é o rodoviário, mesmo na região norte do país. A explicação para isso é muito simples. Em nossas bacias hidrográficas, temos a presença de muitas hidroelétricas, que acabam por tornar os rios inavegáveis, pois não podem ser atravessadas pelas embarcações. Hoje, essas usinas são fundamentais para a geração de energia – que chega a ser exportada para outros países –, mas, logisticamente, elas acabam por interferir na utilização desse modal.

O Brasil tem muitos rios, mas também muitas hidroelétricas (observe o Quadro 3.5). A presença de uma quantidade tão grande de hidroelétricas nos rios brasileiros interfere em sua utilização para a logística como opção de modal fluvial. Sendo assim, o país acaba por preferir a utilização dos rios para a geração de energia do que para a navegação.

Quadro 3.5 Hidroelétricas do Brasil em operação – novembro 2008

Quantidade	Potência (kW)	% Mundo
1768	102.261.864	10%

Fonte: Elaborado com base em Brasil, 2018a.

Claro que, muitas vezes, a ação humana pode tornar os rios navegáveis ou até mesmo facilitar sua navegação, e não só inutilizá-los, como nos casos das hidroelétricas. Um dos maiores exemplos que temos disso é o Canal do Panamá. Para que o trecho pudesse ser navegado pelos navios de grande porte utilizados atualmente, ele foi ampliado e hoje opera com capacidade para atender uma demanda maior.

Outro exemplo é quando um porto será instalado e o calado (profundidade) é aumentado pelas empresas para receber maiores portes de navio também.

Isso só é possível em situações de melhoria da estrutura geográfica já existente, pois, de outra forma, a operação seria economicamente inviável.

IMPORTANTE!

Esse modal pode ser utilizado pela distribuição em qualquer etapa da cadeia de suprimentos, tanto por fornecedores, para abastecimento da linha de produção, quanto para escoar os produtos acabados para varejistas e para o cliente final. Isso é possível graças à possibilidade de se transportar qualquer tipo de mercadoria.

O Brasil, com a grande costa marítima disponível, poderia aproveitar ainda mais o transporte por cabotagem (que é o transporte marítimo entre os portos de um mesmo país). Mas, para isso, seria necessária a revisão da legislação, que atualmente prioriza o embarque e o desembarque de navios de exportação/importação em detrimento aos de cabotagem.

Modal aeroviário

O transporte aeroviário funciona por meio de aviões e helicópteros, que têm diferentes portes de tamanho e capacidade. Isso interfere diretamente na necessidade de infraestrutura de aeroporto ou não. Segundo Ballou (2006, p. 155):

> O transporte aéreo passa a ser levado em consideração por um número crescente de embarcadores como o serviço regular, embora suas taxas sejam mais de duas vezes superiores às do transporte rodoviário e 16 vezes mais caras que o transporte ferroviário. O grande atrativo do transporte aeroviário é a sua inigualável rapidez origem-destino, principalmente em grandes distâncias. [...] Essa velocidade, porém, não é diretamente comparável com a de outros modais, pois os tempos de coleta e entrega, e também as manobras em terra, não estão incluídos. Todos esses elementos precisam ser combinados para representar o tempo porta-a-porta do transporte aéreo.

Da mesma forma que os modais ferroviário e aquaviário, o aeroviário não possibilita a entrega porta-a-porta – como ocorre no rodoviário. É preciso a integração com mais de um modal para que isso aconteça.

De toda forma, esse modal permite o transporte de mercadorias delicadas e sensíveis à temperatura, já que possibilita a total climatização. O Quadro 3.6 apresenta as principais características do modal aeroviário.

Quadro 3.6 Características do modal aeroviário

Mercadoria		Alto valor agregado
Infraestrutura	Investimento	Elevado
	Manutenção	Média
Tempo de transporte		Alto
Distância indicada		Média a longa
Eficiência energética		Média
Segurança		Alta
Flexibilidade		Média

Além de produtos com alto valor agregado, o modal aeroviário é indicado também para casos de urgência, como no transporte de órgãos doados para transplante. Nesse caso, o tempo é fundamental para atender o paciente que vai receber a doação. Também é importante quando há alguma situação-problema em outro modal utilizado, que impacta diretamente no tempo de entrega. Se a não entrega for representar um problema contratual (como no caso de multas), é possível que a empresa opte pelo modal aeroviário para fazer a entrega chegar no tempo estipulado, mesmo que ela represente um prejuízo no que se refere à operação isolada. É um caso que se pensa para evitar uma multa ou, até mesmo, o cancelamento do contrato.

No entanto, o mais comum é que esse modal seja utilizado para escoar os produtos acabados, para entrega ao cliente final. O seu uso para a distribuição está diretamente relacionado ao *outbound*, que parte da indústria principal da cadeia de suprimentos em direção ao cliente final, principalmente em relação à entrega de produtos acabados com alto valor agregado ou de produtos frágeis.

Modal dutoviário

A distribuição ocorre por meio de dutos, em geral subterrâneos, mas que podem ser aéreos também. O meio mais comum para o transporte é através de água (para grãos e pedras), exceto para os gases. Ballou (2006, p. 157) explica:

> A movimentação dos produtos via dutos é muito lenta, não passando de três a quatro milhas por hora. Em compensação ela é do tipo 24 hora/dia, sete dias por semana, o que torna a velocidade efetiva bem maior quando comparada a de outros modais. [...] Em relação ao tempo de trânsito, o serviço dutoviário é o mais confiável de todos os modais, já que são quase nulas as interrupções causadoras de variabilidade desse tempo.

Os dutos têm aumentado sua participação no que se refere à distribuição, porém, ainda são pouco utilizados se comparados aos demais modais, principalmente em volume de carga. No Brasil, temos praticamente uma exclusividade do uso de dutos para gases e derivados do petróleo. Mas isso não significa que não podem existir investimentos para o transporte de outras mercadorias. O Quadro 3.7 apresenta as principais características do modal dutoviário.

Quadro 3.7 Características modal dutoviário

Mercadoria		Baixo valor agregado
Infraestrutura	Investimento	Elevado
	Manutenção	Baixa
Tempo de transporte		Alto
Distância indicada		Longa
Eficiência energética		Elevada
Segurança		Alta
Flexibilidade		Quase zero

IMPORTANTE!

Uma das características mais importantes dos dutos para a distribuição é o fato de serem ininterruptos – de escoarem as mercadorias 24 horas por dia, fato exclusivo desse modal. Em todos os outros há a necessidade de algum tipo de parada, seja para manutenção, seja para troca de modal, seja até mesmo para troca de pessoas que operam o modal.

Uma das tendências desse modal pode ser observada na Espanha, em que a coleta de lixo está sendo realizada por dutos, de forma mais eficiente e ecologicamente menos impactante. Sobre o funcionamento desse sistema, Seoane (2011) escreve:

> A tecnologia funciona da seguinte maneira: a população deposita sacos de resíduos em coletores instalados nas vias e/ou edifícios. Quando esses coletores, conectados a uma tubulação subterrânea, estão cheios, um sensor aciona o disparo dos resíduos, que seguem em vácuo, por sucção, até as centrais de coleta, onde os materiais são separados e compactados em contêineres estanques, para destinação final.

Referente às cadeias produtivas, os dutos são mais comumente utilizados no abastecimento da produção, com o envio de insumos e matérias-primas, atuando fortemente na logística *inbound*.

3.4.1 COMPARATIVO ENTRE O BRASIL E OUTROS PAÍSES EM RELAÇÃO À INFRAESTRUTURA DOS MODAIS

Para operacionalizar a distribuição, as empresas logísticas que atuam no Brasil, ou mesmo as empresas que realizam sua própria logística, encontram dificuldades impostas pela infraestrutura encontrada. Nosso país é predominantemente rodoviário e alguns fatores históricos nos levaram a esse ponto. Dentre eles, podemos destacar o ano de 1941, que mostra:

> **Evolução rodoviária**
> O que possibilitou, a partir da década de 1940, a evolução da malha rodoviária brasileira, foi o Plano Rodoviário Nacional, que previa 27 diretrizes principais distribuídas em seis rodovias longitudinais, 15 transversais e seis ligações, totalizando, na época, 35.574 km, os quais receberam o símbolo BR.
>
> **Competição de modais**
> A partir da segunda metade da década de 1940, se intensificou a construção de estradas, muitas delas, com traçados paralelos aos ferroviários. Ao invés de se estimular a integração intermodal de transportes, acirrava-se a competição principalmente entre rodovias, ferrovias e navegação de cabotagem. (Brasil, 2016, grifo do original)

Vemos que, já naquela época, a integração entre os modais rodoviário e ferroviário não foi estimulada. Houve concorrência entre os dois. Como colocar um caminhão para transportar é mais simples do que embarcar por um trem, as rodovias passaram a ser mais utilizadas que as ferrovias. Isso ainda retirava a necessidade de estar com um volume grande para operação ou planejamento de acordo com os horários do trem.

Em comparação com os países economicamente mais desenvolvidos, ficamos para trás no que se refere à infraestrutura, mas, se considerarmos países com a economia similar à nossa, estamos na frente, certo? Na verdade, não se pode generalizar assim. Para ilustrar esse argumento, propomos uma comparação entre o Brasil e a Índia, um país com a economia similar à nossa e também com área parecida, embora nossos terrenos sejam mais planos. Observe os Mapas 3.2 e 3.3, na seção "Anexos".

Pelos mapas rodoviários, percebemos que a Índia tem acesso a todas as regiões de seu território, enquanto o Brasil acessa quase todas as suas, pois há uma desigualdade entre a infraestrutura do Norte – mais limitada – e as do Sul e Sudeste do país.

Analisando os Mapas 3.4 e 3.5, na seção "Anexos", a diferença é mais fácil de se perceber entre os dois países: enquanto a Índia é totalmente interligada por ferrovias, o Brasil possui poucas linhas, sem mencionar a diferença entre as bitolas dessas ferrovias, o que impossibilita a circulação de uma mesma composição por linhas diferentes, sendo necessário o transbordo, aumentando os custos e o tempo de entrega.

Para o aquaviário, percebe-se semelhanças entre os dois países. Ambos são abastecidos de rios e possuem uma costa marítima grande com a presença de portos, como mostram os Mapas 3.6 e 3.7, na seção "Anexos".

É importante visualizar os três mapas de cada país sobrepostos, pois juntos representam a disponibilidade dos modais que as empresas terão para operacionalizar a distribuição em cada um dos territórios. Nessa lógica, seria interessante acrescentar ainda o aeroviário e o dutoviário.

Nessa comparação, parece que o Brasil ainda está começando a instalar suas estruturas de transportes. Por isso, as empresas brasileiras tornam-se reféns do modal rodoviário e acabam não podendo executar uma logística eficiente, baseada no estudo do produto, dos custos e das necessidades dos clientes. O que acontece é a realização de atividades com o que há de infraestrutura disponível.

Importante!

Esse investimento em infraestrutura tem pouca influência das empresas privadas. É preciso uma visão de longo prazo por parte do governo para que essa situação comece a se reverter. Enquanto isso, o produto brasileiro já apresenta uma desvantagem em relação aos de outros países: um custo logístico interno mais elevado.

3.4.2 Multimodalidade e intermodalidade

A maioria dos modais não apresenta as características suficientes para operar sozinho e realizar o porta-a-porta. Por esse motivo, a multimodalidade é exigida. Apenas o rodoviário e o dutoviário podem ser autônomos na entrega, sem depender de outros modais. Mas mesmo eles muitas vezes atuam em parceria com outros modais para conseguir realizar a entrega a um custo ideal.

Entende-se por **transporte multimodal de cargas** aquele que usa duas modalidades de transporte ou mais; é efetuado com responsabilidade única de um operador de transporte multimodal (OTM); e é conduzido por um único contrato (Brasil, 2018b).

Além disso, segundo a Agência Nacional de Transportes Terrestres (ANTT):

> Define-se o OTM como a pessoa jurídica, transportadora ou não, contratada como principal para a realização do Transporte Multimodal de Cargas, da origem até o destino, por meios próprios ou por intermédio de terceiros. [...] Suas atividades incluem, além do transporte, os serviços de coleta, unitização, desunitização, consolidação, desconsolidação, movimentação, armazenagem e entrega da carga ao destinatário. (Brasil, 2018b)

Desse modo, toda vez que o transporte envolver pelo menos dois modais e um contrato, ele é **multimodal**. Outro termo muito comum quando se trata de modais de transporte é a **intermodalidade**. A diferença entre *intermodalidade* e *multimodalidade* reside na documentação:

> O conceito de Transporte Multimodal é o definido pela Lei 9.611/98 [...], já o termo Transporte Intermodal não possui mais base jurídica, pois a legislação que o definiu, a Lei 6.288/75 (dispõe sobre a utilização, movimentação e transporte, inclusive intermodal, de mercadorias em unidades de carga) foi revogada. Embora a primeira Lei revogue esta última, o conceito de Transporte Intermodal não foi substituído pelo de Transporte Multimodal, pois há diferenças conceituais entre os dois termos. (Brasil, 2018b)

A intermodalidade exige um documento para cada modal, enquanto a multimodalidade trabalha com um documento para todos os modais envolvidos.

3.4.3 Aspectos importantes na escolha do modal

Uma das principais atividades que permitem que a distribuição seja executada e que os canais estejam abastecidos é o transporte. Assim, toda e qualquer decisão em relação ao modal interfere no resultado da entrega: ela pode ser bem-sucedida ou sofrer atrasos, ter aumento de custos e até mesmo entregar mercadorias com inconformidades.

Mas, para escolher o modal a ser utilizado, é preciso verificar a disponibilidade dele tanto na origem quanto no destino. A empresa pode realizar os estudos necessários para identificar o melhor modal para o produto – aquele que proporcione os custos ideais, porém, se a região em questão tiver apenas um modal disponível, a empresa se tornará refém desse modal.

O Quadro 3.8 apresenta um comparativo em relação ao custo, ao tempo e aos danos causados pelos modais.

Quadro 3.8 Características de desempenho dos modais

Modal de transporte	Custo (1 = maior)	Tempo médio de entrega porta-a-porta (1 = mais rápido)	Perdas e danos (1 = menor)
Ferroviário	3	3	5
Rodoviário	2	2	4
Aquaviário	5	5	2
Dutoviário	4	4	1
Aeroviário	1	1	3

Fonte: Ballou, 2006, p. 158.

É possível utilizar essa tabela mesclada com as informações sobre o produto e o cliente para se chegar à escolha mais adequada do modal. É importante considerar esses aspectos em toda a cadeia de suprimentos, pois pode ser que cada trecho seja executado por um modal específico.

Deve-se ter, também, confiança na empresa que realizará o transporte, pois, na maioria das vezes, estamos falando de empresas terceirizadas que trabalham com concorrentes. A partir do momento em que uma empresa contrata uma companhia aérea, deve ter confiança de que esta lidará com seu produto da forma como foi combinado e que não estará priorizando embarques de concorrentes.

Outro aspecto importante para ser analisado na escolha do modal é a embalagem. É fundamental que ela seja adequada do início até o término da entrega. Isso porque o produto deve chegar ao destino com todas as características preservadas, o que será mantido pela embalagem e pelo manuseio adequado.

Mas, independentemente da forma de operacionalização dos canais de distribuição (A, B, C, D ou E, conforme explicado no Capítulo 2), a definição do modal a ser considerado levará em consideração aspectos como localização geográfica (tanto da origem quanto do destino), disponibilidade do modal e custos.

3.5 Características dos centros de distribuição

Neste estudo, já abordamos como os modais trabalham na distribuição e levantamos os aspectos relevantes de cada um deles. Agora, a ideia é detalhar um **centro de distribuição**, pois eles estão presentes dentro das cadeias de suprimentos e são, em muitos casos, essenciais para que a distribuição mantenha o nível de serviço ao cliente.

Primeiramente, um centro distribuição nada mais é que um armazém que realiza algumas atividades que agregam valor ao produto. Um simples armazém estaria apenas acondicionando os produtos de forma a manter suas características.

Importante!

De acordo com Ballou (2012, p. 158), os centros de distribuição "prestam quatro classes principais de serviços ao usuário. [...] [O projeto da instalação] geralmente reflete a natureza dos serviços que esta desempenha. Esses serviços são (1) abrigo, (2) consolidação, (3) transferência e transbordo e (4) agrupamento ou composição (*mixing*)".

Os centros de distribuição realizam outras atividades além da simples guarda do produto. Por esse motivo, a localização e a quantidade de centros que operam na cadeia de suprimentos é fundamental para que as atividades ocorram em harmonia. Os próximos capítulos abordam as atividades de separação, consolidação e localização dos armazéns.

Temos também que ter em mente que um centro de distribuição pode estar localizado em um país ou até mesmo em um continente diferente do da indústria principal. O planejamento de sua necessidade, capacidade, investimento em infraestrutura, entre outras análises, é crucial para gerar agilidade na distribuição em vez de prejuízo. A empresa precisa operar o centro de distribuição com uma boa capacidade por um longo período de tempo. Caso contrário, se for sazonal ou esporádico, é melhor não manter essa estrutura.

Os custos dos centros de distribuição são classificados como custos de estocagem – um dos gastos que as empresas mais se esforçam para reduzir, pois eles interferem diretamente no preço de venda do produto. Além disso, os consumidores de maneira geral não estão dispostos a arcar com esses custos ou a aceitar pagar mais se tiverem a opção de outros concorrentes.

Assim como ocorre com os modais, as empresas podem optar por trabalhar com um centro de distribuição próprio ou terceirizado. Não é possível estabelecer genericamente qual dos dois é melhor porque isso depende muito de cada situação. Não é uma questão de certo ou errado, pois são muitas as variáveis que interferem nesse resultado.

De todo modo, pode-se assegurar que a empresa deve levantar o maior número possível de informações antes de optar por investir em um centro de distribuição próprio. Em geral, isso foge do foco empresarial e o investimento é alto, principalmente em relação à tecnologia que precisará ser empregada.

Nesses casos, os centros de distribuição terceirizados acabam oferecendo bons serviços a um custo acessível.

Síntese

Ao longo deste capitulo, analisamos aspectos relacionados aos componentes da distribuição, descrevendo quais são e as operações que estão relacionadas a eles. Também demonstramos a integração entre as operações e a importância disso para as atividades de distribuição. Se uma das operações tem um problema ou gera um gargalo, ela interfere nas demais, pois, na logística, nada acontece de forma isolada.

Explicamos como o ciclo de vida do produto interfere na forma de distribuição e tratamos da importância de um bom relacionamento entre o *marketing* e a logística, tanto no que se refere ao planejamento das atividades quanto no seu dia a dia. Também, descrevemos os aspectos do *trade marketing* que interferem na distribuição.

Em seguida, abordamos cada um dos modais de transporte, observando como eles se relacionam na distribuição, quais são suas características mais impactantes, forma de decisão de cada modal e aspectos que precisam ser levados em consideração para seu planejamento. Aproveitamos o contexto para analisar a situação dos transportes no Brasil e fazer uma comparação com a Índia, que tem uma situação econômica similar à brasileira.

Por fim, descrevemos um centro de distribuição, mostrando como ele funciona e listando aspectos importantes para sua escolha.

Estudo de caso

De forma a interligar e a otimizar as operações de distribuição, uma empresa de pisos cerâmicos e metais de banheiro, na Espanha, decidiu realizar um investimento em cinco centros de distribuição próprios. Assim, em parceria com uma empresa terceirizada, especializada na construção e automação de armazéns, foi desenvolvido um armazém para cada linha de produção. O produto não é perecível, porém, é muito frágil e, por isso, os armazéns terceirizados estavam gerando muitas perdas com manuseio inadequado.

Houve um investimento financeiro elevado, porém, a empresa passou a atender às solicitações de clientes de toda a Europa com mais agilidade (passou a ter um controle maior das informações de estoque) e maior segurança. Foram construídas estruturas de estocagem automatizada de paletes, a fim de evitar impactos nas caixas e realizar o recolhimento com precisão para encaminhar à zona de *pick-up*.

Foram desenvolvidos, também, braços mecânicos para tornar mais fácil aos operadores levantarem caixas de forma unitária. Todos os cinco armazéns possuem uma ligação subterrânea (que chega a até 1 km) com a fábrica, de forma a evitar o trânsito pelas ruas.

> Os caminhões são programados para chegar às docas exatamente no horário em que as mercadorias estão disponíveis e de forma a aproveitar o caminhão ao máximo. A empresa ganhou em agilidade, controle do estoque e redução de perdas. Os produtos passaram a quebrar menos, pois, com o uso de tecnologias pneumáticas, o impacto foi reduzido. Esse investimento possibilitou a integração entre as operações logísticas (armazenagem e distribuição) e a redução de perdas, tornando a empresa mais competitiva no mercado.

Comentário

De maneira geral, é indicado que as empresas terceirizem os armazéns porque o investimento em infraestrutura é alto, principalmente se for necessária tecnologia para movimentação.

Mas, no caso proposto, a empresa optou por investir em centros de distribuição próprios devido à fragilidade da mercadoria e à necessidade de investimento no manuseio. Esse é um exemplo de como a logística não tem fórmulas e que não existem respostas únicas para solucionar os problemas de distribuição das empresas. O que funciona para uma pode não funcionar para outra. Esse é o desafio da área e se faz necessário trabalhar com profissionais capacitados para dar conta do trabalho.

Questões para revisão

I. Para que a distribuição ocorra com êxito, é preciso que suas operações sejam executadas com precisão e harmonia, pois todas estão interligadas. A respeito dessas operações, analise o quadro a seguir e associe as colunas.

Operações	Características
A – Informações	( ) Possui cinco modais para ser operacionalizado.
B – Armazenagem/Estocagem	( ) Busca o menor nível para trabalhar com JIT.
C – Transporte	( ) Iniciam os processos de abastecimento da cadeia de suprimentos.

Agora, assinale a alternativa que apresenta a sequência correta:

a) B, C, A.
b) C, B, A.
c) A, C, B.
d) A, B, C.
e) C, A, B.

2. Os produtos têm um ciclo de vida determinado por quatro etapas: introdução, crescimento, maturidade e declínio. A distribuição atua de forma diferenciada em cada uma dessas etapas devido aos diferentes desafios encontrados. Descreva os diferentes desafios da distribuição em cada uma dessas etapas e como a logística pode lidar com cada um deles.

3. *Trade marketing* diz respeito às trocas entre as empresas, tanto de informações quanto de produtos e/ou matérias-primas. Explique qual é o papel da comunicação empresarial nessas trocas e como ela pode contribuir para o sucesso da distribuição.

4. Para operacionalizar a distribuição, seja em atividades *inbound* ou *outbound*, a logística tem à disposição cinco modais: rodoviário, ferroviário, aquaviário, aeroviário e dutoviário. Cada um apresenta sua indicação para melhores resultados e será mais adequado a determinados tipos de produtos. Liste as principais características de cada modal, incluindo pelo menos dois produtos mais adequados para serem transportados por cada um deles.

5. A escolha de um modal em detrimento de outro segue a análise de alguns fatores. Assinale a alternativa que apresenta corretamente dois desses fatores:

a) Disponibilidade do modal e tempo de entrega.
b) Segurança no transporte e trajeto percorrido.
c) Disponibilidade do modal e investimento do governo.
d) Seguro a ser pago e contrato com o operador logístico.
e) Facilidade de embarque e porte do transportador.

Questões para reflexão

1. A infraestrutura logística de cada país interfere na competitividade de suas empresas, principalmente no que se refere às atividades logísticas. Ao longo do capítulo, comparamos a estrutura brasileira com a indiana. Analise essa situação novamente e apresente quais fatores podem ter levado dois países com economia similar a apresentarem situações distintas nesse aspecto.

2. Os centros de distribuição existem para facilitar o acesso a algumas regiões e até mesmo como estoque de produtos acabados para atender às demandas. Busque elencar as vantagens e as desvantagens de um centro de distribuição próprio e de um terceirizado.

3. A multimodalidade permite a entrega porta-a-porta utilizando os modais a fim de garantir o menor custo × benefício. De que forma as vendas pelo *e-commerce* são dependentes da existência da multimodalidade?

Para saber mais

Sobre curiosidades acerca dos tipos de contêineres, veja:

ALVARENGA, R. L. Tipos de containers. **Universo da Logística**, 18 maio 2010. Disponível em: <https://universodalogistica.wordpress.com/2010/05/18/tipos-de-containers/>. Acesso em: 16 maio 2018.

No transporte aeroviário, o uso de *drones* surge como uma tendência. Esse assunto ainda gera muita discussão e não está totalmente legalizado. Para entender um pouco mais sobre o tema, acesse:

ASAPLOG. **Logística e os drones.** Disponível em: <https://asaplog.com.br/logistica-e-os-drones/>. Acesso em: 16 maio 2018.

Tratando-se de modais de transportes, para poder realizar o trabalho de forma eficiente, é importante prestar atenção nas novas legislações, tecnologias e realidades de cada região em que se opera. Nesse sentido, procure saber mais sobre o Canal do Panamá:

CANAL DE PANAMÁ. **The Expanded Panama Canal.** Disponível em: <http://micanaldepanama.com/expansion/>. Acesso em: 16 maio 2018.

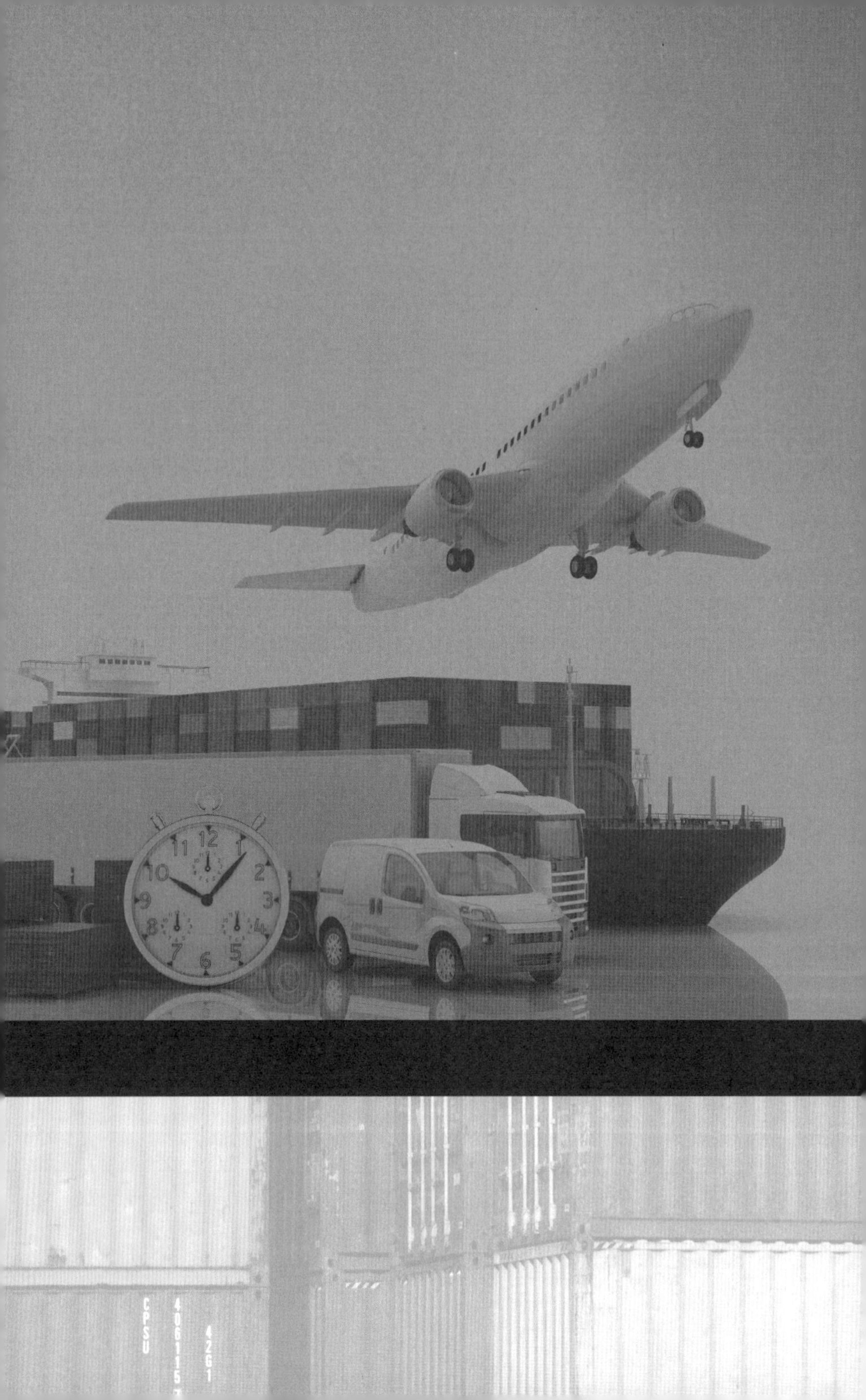
CPSU
42G1

4

Estrutura de
distribuição
e operações

Conteúdos do capítulo:

- O ambiente de distribuição.
- Estratégia de localização.
- *Trade-off* em distribuição.
- Roteirização de veículos.
- Tecnologia da informação aplicada à distribuição.

Após o estudo deste capítulo, você será capaz de:

1. compreender as variáveis e os termos utilizados no ambiente de distribuição;
2. analisar as estratégias de distribuição e as respectivas aplicações em função das variáveis do sistema;
3. entender que, numa decisão estratégia de distribuição, sempre haverá conflitos quanto a vantagens e desvantagens obtidas após a decisão;
4. saber as técnicas e métodos para traçar uma roteirização de veículos de forma otimizada;
5. perceber a importância e a influência da tecnologia da informação nos processos de distribuição.

COMO IMPLEMENTAR canais de distribuição para que operem de forma otimizada em função das estruturas e infraestruturas disponíveis? Essas estruturas e infraestruturas não são responsabilidade apenas da iniciativa privada e não se limitam às ações de implementação do responsável pelo projeto e pelo funcionamento do canal de distribuição. Elas são responsabilidade também do setor público.

De nada adianta desenvolver canais de distribuição eficientes no sentido de disponibilizar produtos aos consumidores finais sem levar em conta as condições de infraestrutura proporcionadas pelo Poder Público. Isso vale principalmente para um país como o Brasil, que possui um território imenso, com público consumidor espalhado por todas as regiões, porém com falhas evidentes na infraestrutura de transportes.

Nesse sentido, neste capítulo abordaremos assuntos referentes ao ambiente de distribuição, que envolve um conjunto de variáveis como: locais e formas de se disponibilizar o produto, meios de se fazer o transporte, necessidade de montar um estoque e cálculo dos níveis de intermediação.

Dentro desse conceito macro que é o ambiente de distribuição, iremos estudar as estratégias de localização, que devem considerar fatores de localização, as características do produto, os meios pelos quais o consumidor obtém o produto etc.

O termo *variável* é importante neste capítulo. A palavra sugere que algo é mudável, sujeito a variações. Então, como tomar decisões e definir uma estratégia de distribuição cercado por incertezas? A decisão tomada vai garantir 100%

de acerto ou será necessário abrir mão de alguma vantagem competitiva? Para entender esse conflito, usaremos a ideia de *trade-off* na distribuição.

Veremos também como se administra de forma otimizada a roteirização de veículos. Decisões previamente tomadas irão demandar estudos específicos no sentido de traçar a melhor rota possível. No caso do modal rodoviário, podemos pensar em quantas restrições surgem durante o percurso de uma rota, principalmente em espaços urbanos.

Para fechar o capítulo, destacaremos a enorme importância e a influência da tecnologia da informação aplicada à distribuição.

4.1 Ambiente de distribuição

O contexto que envolve externamente a organização ou um sistema é denominado *ambiente* e, consequentemente, é o meio no qual uma organização está inserida.

Por ser um sistema aberto, as empresas mantêm intercâmbio e transações com seu ambiente. Portanto, tudo o que ocorre no ambiente influenciará internamente nas organizações (Chiavenato, 2004).

Conforme Thompson Junior, Strickland III e Gamble (2008), para que uma organização seja capaz de gerar vantagem competitiva e tenha condições de melhorar seu desempenho, é fundamental que seus gestores elaborem as estratégias fundamentadas em um diagnóstico amplo dos ambientes externo e interno da companhia.

O ambiente de distribuição traz à tona elementos contidos na definição anterior. As variáveis vão muito além das características logísticas e econômicas e ocorrem nos ambientes externos e internos da organização. Devem ser levadas em consideração, também, as características geográficas, culturais etc.

Segundo Pascarella (2016, p. 19), é importante ressaltar a liberdade de atuação das organizações no ambiente de distribuição: "Em uma economia livre como a nossa, e de acordo com as normas gerais da legislação brasileira, as empresas têm ampla liberdade de atuação, não podendo ser proibido aquilo que não houver sido especificamente definido em lei".

Portanto, as empresas estão livres para desenvolver seus canais de distribuição de acordo com a conveniência de sua estratégia e de seus produtos.

Fica claro, desse modo, que o Brasil se insere num contexto diferente daquele de restrições a que estão sujeitos alguns países. Aqui, há certa liberdade no sentido de desenvolver canais de distribuição que sejam eficazes do ponto de vista do fabricante, porém, sempre respeitando o fato de não haver abuso econômico, sujeito a sanções do Conselho Administrativo de Defesa Econômica (Cade) e da Secretaria de Direito Econômico (SDE), vinculados ao Ministério da Justiça.

Bom, se há liberdade de criação para desenvolvimento dos canais de distribuição, basta que se entendam as variáveis do ambiente e se coloque em prática o projeto, certo?

Antes de iniciar um projeto propriamente dito, para entender melhor o ambiente de distribuição, suponha que trabalhamos em uma mesma organização e que fazemos parte de uma equipe multifuncional em que se destacam funções estratégicas e táticas das áreas de logística, *marketing*, vendas e engenharias de produto e processo. Projetos e decisões que envolvam o ambiente de distribuição não podem e não devem ser protagonizados por apenas um departamento ou função de uma empresa.

No momento em que a equipe está formada e ciente dos objetivos do trabalho, já começam a surgir variáveis como: características dos produtos, perfis do consumidor, local de instalação do centro de distribuição, quem serão e onde estarão os varejistas e os pontos de venda. Sem contar, conforme mencionado anteriormente, as variáveis econômicas, geográficas e culturais que vão influenciar nas decisões sobre os canais de distribuição.

4.1.1 Características geográficas

Nem sempre a decisão de se fazer uso de um único critério logístico será a melhor escolha quanto à localização de um canal de distribuição. Um exemplo fictício e elementar pode ilustrar essa ideia. Imagine que um pequeno empreendedor possua um terreno modesto em um condomínio industrial e resolva abrir um *pet shop*, já que tem ótimos conhecimentos no setor. Embora economicamente pareça viável, as características geográficas não permitem que haja a formação de demanda para esse tipo de serviço e de produtos ofertados. Em condomínios industriais existe um conglomerado de pessoas que lá trabalham e muitas vezes demandam produtos e serviços, como lanches e refeições, diferentes dos ofertados por um *pet shop*.

Normalmente varejistas utilizam-se bastante das características geográficas para estarem próximo da demanda requerida. Para esse caso específico, os varejistas podem optar pela estratégia de concentração geográfica. Nela, a empresa decide concentrar várias lojas em algumas regiões específicas de grandes cidades. Por exemplo: 20 lojas na zona sul de uma cidade como o Rio de Janeiro, como forma de atender aos consumidores dessa área e otimizar os custos com propaganda, treinamento e gestão, entre outros. Outra estratégia utilizada é o da dispersão geográfica, que tem como objetivo dispersar os pontos de venda por várias cidades ou estados, reduzindo os riscos associados à concentração de todas as atividades em uma única cidade ou região.

Importante!

As características geográficas direcionam o canal de distribuição para a demanda pretendida.

4.1.2 Características econômicas

Quando a natureza econômica se mostra predominante, leva-se em consideração aspectos relativos a custos com transporte, mão de obra, incentivos fiscais etc.

As características econômicas são levadas em consideração principalmente no planejamento de fábricas, que não precisam estar próximas dos pontos de demanda ou de consumo. O mesmo raciocínio pode ser empregado em grandes armazéns ou centros de distribuição. Algumas organizações se utilizam dessa estratégia baseadas em aspectos econômicos, como o Grupo Boticário, do setor de cosméticos. A empresa possui, além do armazém localizado na unidade fabril em São José dos Pinhais, no Paraná, mais dois centros de distribuição: um na cidade de Registro, interior de São Paulo, a 187 km da capital, e outro na cidade de São Gonçalo dos Campos, na Bahia, localizada a 108 km da capital, Salvador. Reparem que os dois centros de distribuição não operam perto das grandes fontes de demandas. Embora haja aspectos geográficos envolvidos na escolha do ponto de localização, nos centros de distribuição citados predominam as características econômicas.

4.1.3 Características culturais

As características culturais referem-se a aspectos socioculturais que, de alguma forma, podem interferir na definição de um canal de distribuição em uma localização com cultura diferenciada em relação à empresa de origem, sendo que esse fato ocorre notadamente quando se discute o mercado internacional. Nesse caso, as perguntas possíveis são: Até que ponto os hábitos das pessoas do mercado-alvo diferem do mercado doméstico? Existem restrições religiosas? As práticas comerciais são muito diferentes? Qual a imagem do Brasil no mercado-alvo? Quais aspectos devem ser considerados ao se decidir por uma localização em territórios com culturas diferentes?

Quando se fala em *localização*, a interferência cultural em operações comerciais internacionais e sua relevância demonstram a importância da adequação à cultura estrangeira. A entrada no mercado estrangeiro para quem não está preparado pode ser problemática. Esse inconveniente ocorre devido às diferenças culturais entre o país vendedor (exportador) e o comprador (importador), quando as necessidades de um não são compatíveis com o método de distribuição, aquisição e até de utilização do outro.

Erros cometidos no planejamento podem acarretar em um grande prejuízo. Imagine a hipótese de se criar um centro de distribuição em uma localidade em que há uma cultura totalmente diferente da do país de origem e, por um motivo religioso, acontece um rompimento do negócio pelo país de destino. A falta de planejamento, nesse caso, pode resultar em apenas uma única venda para o destino, não fixando seu mercado e não compensando os investimentos requisitados para tal.

A *Revista HSM Management* (2007) ilustra bem como características culturais podem influenciar na forma como canais de distribuição proporcionam resultados diferentes em culturas diferentes. O caso relatado refere-se à Natura, empresa brasileira da área de cosméticos, que, em 1983, deu início ao processo de expansão dos negócios para fora do Brasil – nesse caso específico, ela viajou para o Chile. Em resumo: numa primeira tentativa, o distribuidor não se identificou com a marca, não absorveu os ideais, os valores e o perfil de negócio da empresa. Mas isso pode acontecer também numa mesma cultura, correto? De certa forma, sim. Outro fato que chamou a atenção nessa transação foi a provável falta de sincronia entre as propostas de distribuição de vendas diretas da Natura, por meio das chamadas "Consultoras Natura", com a cultura do consumidor chileno, onde prevalece as vendas no varejo. Desse modo, a interferência da cultura local influenciou a forma de distribuição do produto.

> **Importante!**
>
> Os três aspectos apresentados nesta obra – geográfico, econômico e cultural – são utilizados como suporte ao se estudar estratégia de localização, mas outras características também podem influenciá-la, como aspectos políticos.

Ressaltamos aqui que uma decisão equivocada é capaz de causar grandes prejuízos, principalmente quando se decide construir grandes armazéns. Uma vez instalados, eles não podem ser facilmente transferidos para outro local.

4.2 Estratégia de localização

A localização das instalações físicas no sistema da cadeia de suprimentos é um dos mais importantes problemas a serem resolvidos pelo planejamento estratégico das organizações. A complexidade das variáveis dentro desse sistema deve ser muito bem dominada para a assertividade na definição de um determinado canal de distribuição e, consequentemente, na escolha de sua localização.

A Figura 4.1 ilustra resumidamente a complexidade existente para estratégia de localização.

Figura 4.1 Influências nas decisões sobre localização

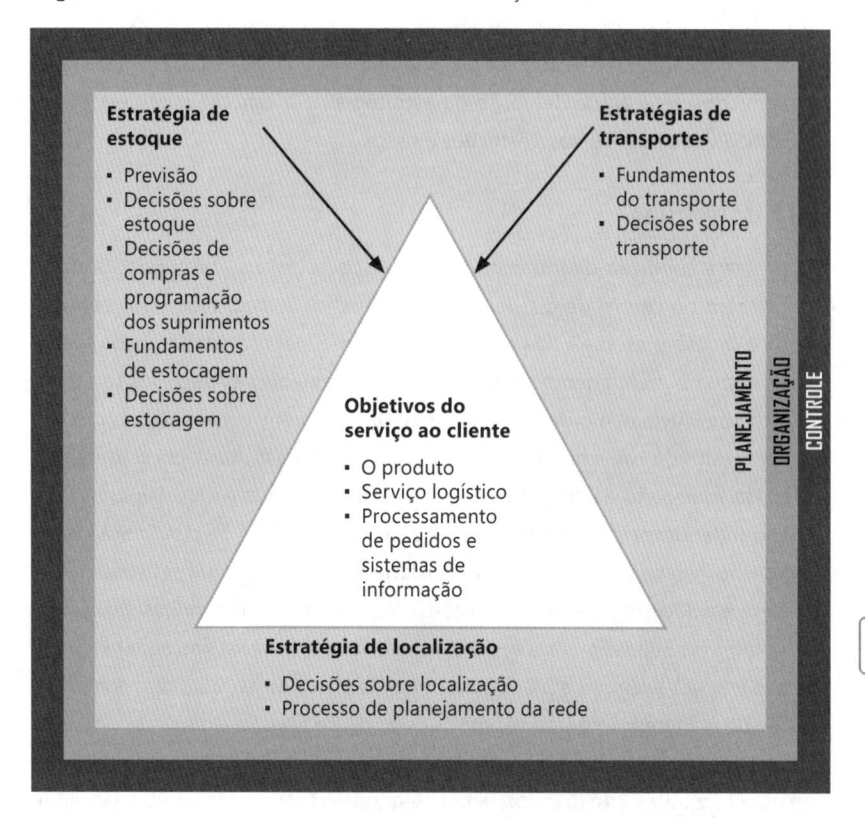

Estratégia de estoque
- Previsão
- Decisões sobre estoque
- Decisões de compras e programação dos suprimentos
- Fundamentos de estocagem
- Decisões sobre estocagem

Estratégias de transportes
- Fundamentos do transporte
- Decisões sobre transporte

Objetivos do serviço ao cliente
- O produto
- Serviço logístico
- Processamento de pedidos e sistemas de informação

PLANEJAMENTO • ORGANIZAÇÃO • CONTROLE

Estratégia de localização
- Decisões sobre localização
- Processo de planejamento da rede

Fonte: Ballou, 2006, p. 433.

Embora este capítulo aborde a localização de instalações fixas, não se pode negar que essas instalações fazem parte de um sistema maior, que é a **cadeia de suprimentos**. Nela, a movimentação é constante e matérias-primas e produtos acabados "orbitam" entre esses pontos fixos até chegarem aos clientes e consumidores finais. Essas instalações físicas abrangem pontos de confluência, tais como: fábricas, depósitos, centros de distribuição, portos secos[1], pontos de varejo etc.

É interessante observar que, normalmente, quando se deseja demonstrar de forma gráfica uma representação da cadeia de suprimentos, recorre-se primeiro aos pontos fixos da cadeia, como as posições dos fornecedores, da manufatura e

---

1   Terminal intermodal terrestre, também conhecido como Eadi (Estação Aduaneira Interior).

dos armazéns, para depois definir os fluxos. São exatamente esses pontos que são discutidos aqui. O grande desafio é encontrar uma localização deles que seja eficaz.

Por falar em localização eficaz, algumas variáveis básicas devem ser levadas em consideração na definição da estratégia de localização: infraestrutura, disponibilidade de recursos, restrições e riscos.

INFRAESTRUTURA

Refere-se à condição da infraestrutura do espaço onde se pretende localizar o armazém ou centro de distribuição. Geralmente, a localização dos centros de distribuição é estabelecida de maneira regional para facilitar a proximidade e agilidade no atendimento de seus clientes, atendendo às decisões tomadas quanto ao planejamento do canal de distribuição. Porém, nem sempre o melhor planejamento do canal harmoniza com a melhor infraestrutura. Em se tratando de modal rodoviário, a infraestrutura das estradas brasileiras é ruim. Suponha que, para atender um setor produtivo de um determinado canal de distribuição, seja necessário instalar um centro de distribuição em um local em que as estradas são de terra e estão em péssimas condições. Estradas desse tipo muitas vezes não permitem velocidades médias superiores a 20 km por hora. Assim, num percurso de 200 km, por exemplo, seriam necessárias 10 horas de estrada, sem contar os custos de manutenção gerados por rodovias desse tipo. Se comparar com uma rodovia pavimentada em boas condições, esse mesmo percurso seria realizado em apenas 2 horas e 30 minutos, sem contar que o custo com manutenção seria muito mais baixo.

Outra variável importante nas estratégias de localização é o fluxo de trânsito em áreas urbanas. Muitas vezes, mesmo com ótimas condições do piso da malha viária de uma determinada região, deve-se tomar cuidado em relação aos pontos de tráfegos que apresentam intensas restrições ao longo de quase todos os dias. Nesse caso, falta infraestrutura de modernização da rodovia. Quando se fala sobre infraestrutura para localização, o primeiro desafio que se apresenta diz respeito às condições das rodovias, conforme descrito anteriormente. No entanto, como exemplo, outro ponto importante a ser observado é sobre as condições do terreno onde será instalado o armazém. Dependendo da carga que se queira acomodar em um armazém, a qualidade do solo passa a ser uma variável relevante no processo de decisão. Armazenar cargas pesadas exige um piso de alta resistência, que pode se tornar um problema se a área selecionada estiver localizada em um terreno poroso. Nesse caso, há o risco de problemas de deformação do piso no decorrer do tempo ou de ter que gastar uma quantia maior do que a planejada para construção de um piso mais resistente.

Disponibilidade de recursos

A disponibilidade de recursos é outra variável que tem bastante influência na decisão de localização. Ao se optar por uma determinada localização, deve-se avaliar quais os recursos necessários para operar um centro de distribuição e o que o local oferece em contrapartida. Dedicar atenção especial à mão de obra em torno da região pode ser um diferencial competitivo. Outro recurso não menos importante tem a ver com os serviços básico da tecnologia de informação e comunicação (TIC). Alguns detalhes nos dias de hoje não devem ser negligenciados, como o acesso a redes de telefonia fixa e móvel e à internet.

Restrições e riscos

Muitas vezes, mesmo que o local escolhido tenha a infraestrutura necessária e haja disponibilidade de recursos, há a possibilidade de se encontrar inconvenientes quanto a restrições e riscos. Nos estudos realizados para definição da estratégia de localização, uma empresa hipotética encontrou um local que atende à infraestrutura pretendida e há disponibilidade de recursos. Porém, devido ao relevo geográfico da área, existe a probabilidade de enchentes durante as estações chuvosas. É um risco que deve ser avaliado na tomada de decisão.

Outro aspecto importante, esse relativo à restrição, refere-se a áreas que fazem parte de um perímetro urbano em que há limitação do tráfego de veículos com determinados números de placas – o chamado *rodízio* –, algo comum em grandes centros urbanos. Há, também, restrições relativas à delimitação de área para o tráfego de caminhões.

Além das restrições apontadas, muitas outras podem ser encontradas por meio de pesquisas nos órgãos públicos do local. Uma delas diz respeito à passagem de caminhões de grande porte por baixo de viadutos. Por causa de seu tamanho, esses veículos podem enfrentar restrições no caminho para o armazém. Portanto, é preciso fazer uma pesquisa criteriosa para obtenção de todas as informações necessárias.

Apresentadas algumas variáveis básicas e obtidas todas as informações pertinentes a elas, pode-se partir para o processo de decisão quanto à estratégia de localização. Pode ser utilizada alguma ferramenta para priorização, como uma matriz de decisão para selecionar a melhor alternativa pela determinação de notas objetivas.

> **Importante!**
>
> O assunto referente à estratégia de localização assumiu uma relevância tão grande que se tornou fonte de pesquisa para vários especialistas na área logística. Teorias diversas e modelos matemáticos foram e vêm sendo desenvolvidos no sentido de minimizar riscos e, consequentemente, chegar ao ponto de excelência na localização de uma fábrica, um armazém ou um centro de distribuição.

4.2.1 Classificação dos problemas de localização

Conforme Ballou (2006, p. 434), ao se discutir métodos de localização, é útil classificar os problemas de localização em um número limitado de categorias:

a. **Força direcionadora** – O processo de localização de instalações é quase sempre determinado por um fator fundamental, ou seja, o fator de maior relevância entre todos os fatores analisados. Essa força direcionará a estratégia de localização. Na localização de fábricas e armazéns, normalmente prevalece o fator econômico, conforme foi demonstrado nas características básicas de localização e sua influência no ambiente de distribuição. Também na localização de instalações de varejo prevalecem o fator econômico, com os custos subtraídos das receitas, a fim de determinar a lucratividade. Quando se trata da localização de serviços como hospitais, caixas automáticos ou instalação de manutenção, o principal fator da localização, ou força direcionadora, refere-se à facilidade de acesso que o local pode oferecer, em detrimento das forças econômicas, principalmente devido às dificuldades de determinar as receitas e os custos dessas operações. Nesse caso, há influência predominante das características geográficas, como constatado no tema anterior sobre ambiente de distribuição.

b. **Número de instalações** – Outro problema categorizado por Ballou (2006) refere-se à decisão da quantidade de instalações que devem ser utilizadas em um determinado canal de distribuição. A localização de instalação única evita a necessidade de levar em consideração as forças competitivas, a divisão de demanda entre as instalações, os efeitos da consolidação dos estoques e os custos de instalação. Dependendo da extensão da região que o canal de distribuição pretende atender, quando se opta por instalação única pode-se, eventualmente, necessitar de percursos maiores com transporte, que compõe sem dúvida a maior parte dos custos logísticos. Entretanto, várias instalações carregam os custos inerentes para estruturação e operação de cada unidade. Esse é um caso característico de *trade-off*, termo a ser abordado neste capítulo.

c. **Descontinuidade das escolhas** – Ainda segundo Ballou (2006), ao se discutir métodos de localização, uma das categorias que deve ser levada em consideração é a descontinuidade das escolhas. Embora o termo *descontinuidade* possa parecer estranho, fica mais fácil quando se mostra a divisão entre dois elementos propostos pelo autor, que são os métodos contínuos e métodos discretos.

- Métodos contínuos: Analisam todas as localizações possíveis ao longo de um espaço contínuo para realizar a escolha, ou seja, sem mudanças severas ou descontinuidades.
- Métodos discretos: Começa com o processo que consiste em selecionar elementos representativos de uma amostra (região, por exemplo) e, em seguida, levanta as opções viáveis e escolhe a melhor opção dentro desse conjunto. São os mais utilizados na prática, principalmente nos casos de localização múltiplas de instalações.

d. **Grau de agregação de dados** – Ao se estudar estratégias de localização, há a necessidade de se elaborar projetos de rede que, na sua complexidade, apresentará pontos nodais, intersecções, fluxos etc. Nesse ponto, recorre-se a uma certa quantidade de dados, que servirá de base para a resolução do problema de localização. A fim de gerenciar o tamanho do problema e conseguir resolvê-lo, é, em geral, necessário usar as relações agregadas de

dados quando da solução de um problema prático de localização. Nesse sentido, Ballou (2006, p. 434) apresenta dois métodos distintos:
- Elevada agregação de dados: Refere-se a métodos cuja precisão limita a localização a amplas áreas geográficas, como cidades inteiras.
- Escassa agregação de dados: Refere-se a métodos que conseguem diferenciar entre localizações apenas por uma rua da cidade. São utilizados especialmente para localização de varejos, localizações intracidades e para aplicação definitiva dos locais de fábricas e armazéns.

e. **HORIZONTE DE TEMPO** – Outra categoria referente aos problemas de localização a ser levada em consideração quando se discute métodos de localização é a do "horizonte de tempo". Um negócio qualquer permite que se tenha uma visualização do período de localização? Ballou (2006) define duas possibilidades de natureza do tempo dos métodos de localização:
- Métodos estáticos: Usam dados de um único período. Referem-se à localização e ao dimensionamento, que não mudam em curto e em médio prazos. Podem cobrir muitos anos de uma vez só, especialmente quando as instalações representam um alto investimento fixo e os custos para se mudar para outro local são elevados.
- Métodos dinâmicos: Refere-se ao planejamento da localização considerando vários períodos de tempo, também conhecido como *localização multiperíodos*. Pode-se utilizar esse método quando o estudo de localização apontar para mudanças estruturais do canal de distribuição ao longo do tempo (sazonalidade de consumo, descontinuidade de produtos etc.).

A classificação apresentada fornece informações relevantes para o processo decisório da estratégia de localização. No entanto, para se obter dados objetivos que conduzam a um resultado mais preciso, é necessário fazer uso de modelos matemáticos.

4.2.2 Estudos e modelos matemáticos para localização

Utilizando-se os dados apresentados até aqui, é possível afirmar que teremos 100% de acerto na localização de um centro de distribuição? A resposta adequada a essa questão é: **não**. No entanto, com a utilização dos dados apresentados, obtém-se uma minimização do erro e, consequentemente, a maximização do acerto. Apesar disso, repare que, de tudo o que foi apresentado, não houve nenhuma associação com números, o que demonstra uma certa subjetividade. Para incorporar um certo grau de objetividade e aumentar a precisão na localização, recorre-se aos chamados *modelos matemáticos*, abordados a seguir.

Não é objetivo desta obra dissecar fórmulas matemáticas com certo grau de complexidade com base em diversos modelos de localização existentes a fim de analisar qual é o mais eficaz. A ideia é apenas apresentar esses modelos matemáticos e explicar sua aplicação.

A Figura 4.2 mostra, de forma esquemática (sem nenhum compromisso com escala), a complexidade dos canais de distribuição e os pontos nodais que influenciam no processo de localização.

Figura 4.2 Complexidade no processo de localização

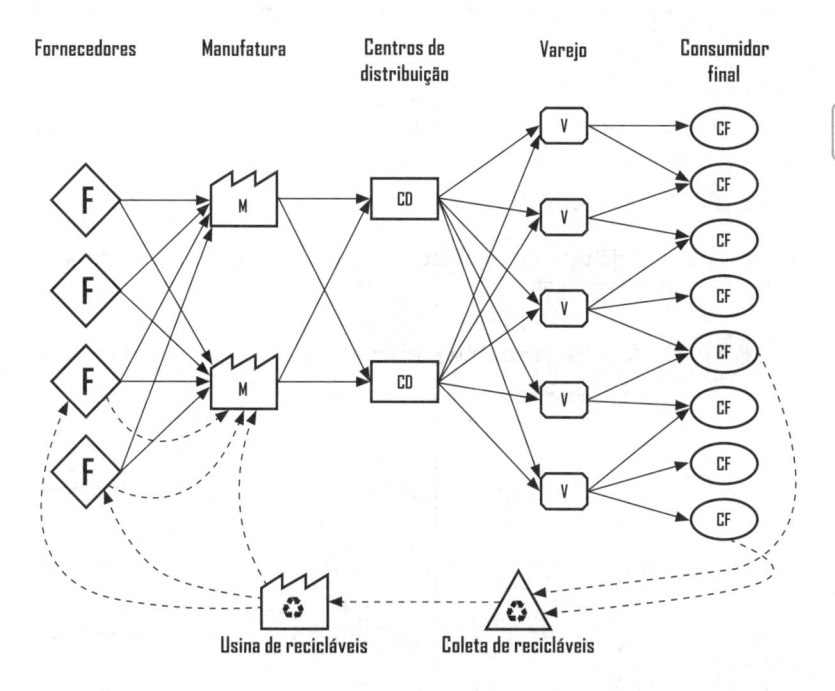

Antes de abordarmos os números dos modelos matemáticos, é importante tratarmos de alguns estudos com base gráfica para você entender melhor as possíveis aplicações na estratégia de localização.

Um caso interessante é o estudo realizado por Alfred Weber, citado por Ballou (2006, p. 435), que diz respeito ao papel das matérias-primas no processo da produção e até que ponto elas influenciam na localização.

O estudo parte de um exemplo em que se faz uma análise criteriosa sobre ganho e perda de peso de um produto num processo de manufatura. O que o peso do produto tem a ver com o processo de localização?

O exemplo a seguir torna mais claro o conceito proposto por Weber.

Numa situação hipotética, fabricamos refrigerantes e precisamos definir a localização de uma fábrica. Em resumo, o processo funciona desse modo: a fábrica recebe de um fornecedor o componente básico, que é o xarope, e, no processo de manufatura, acrescenta outras matérias-primas, entre elas a água, aumentando consideravelmente o peso e o volume do produto.

Para minimizar os custos com transporte, deve-se localizar a fábrica o mais próximo possível do mercado consumidor, pois a carga inicial composta apenas pelo xarope permite o transporte de grande quantidade por veículo (caminhão). Porém, após a manufatura, serão necessários muito mais veículos, aumentando os custos com transporte.

A Figura 4.3 demonstra como esse processo funciona na prática, sendo que o processo inverso também pode ocorrer – algo simples, mas estrategicamente muito eficaz no processo de localização.

Figura 4.3 Efeitos do peso dos produtos sobre o processo de localização antes e depois do processamento

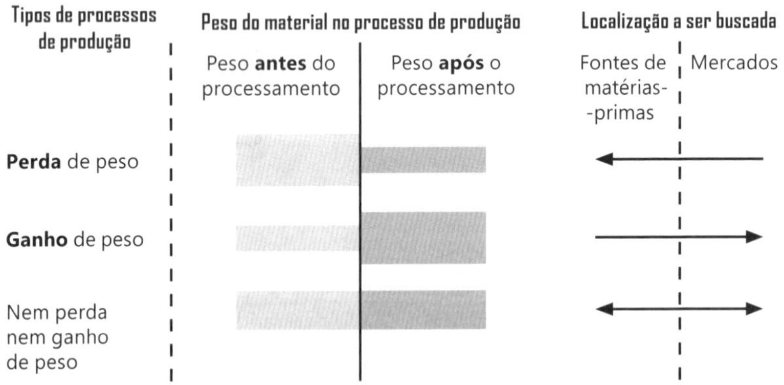

Tipos de processos de produção	Peso do material no processo de produção		Localização a ser buscada	
	Peso **antes** do processamento	Peso **após** o processamento	Fontes de matérias-primas	Mercados
Perda de peso			←	
Ganho de peso				→
Nem perda nem ganho de peso			←	→

Fonte: Ballou, 2006, p. 436.

Outro caso interessante refere-se ao estudo das taxas decrescentes de transporte de Hoover, citado por Ballou (2006). Esse estudo também mantém o foco sobre os custos com transporte. São definidos dois pontos: "X" (fonte de matéria-prima) e "Y" (mercado). Adicionalmente, foram elaboradas três curvas: a de custo com transporte de entrada (proveniente de um fornecedor), a de custo com o transporte de saída (despacho para o mercado) e, por fim, uma curva demonstrando o custo total. Para esse caso específico, é sinalizado que a localização deve ficar mais próxima ao ponto "Y" (mercado), conforme mostrado no Gráfico 4.1.

Gráfico 4.1 As tarifas decrescentes de transporte empurram a localização para fonte dos materiais ou para o mercado

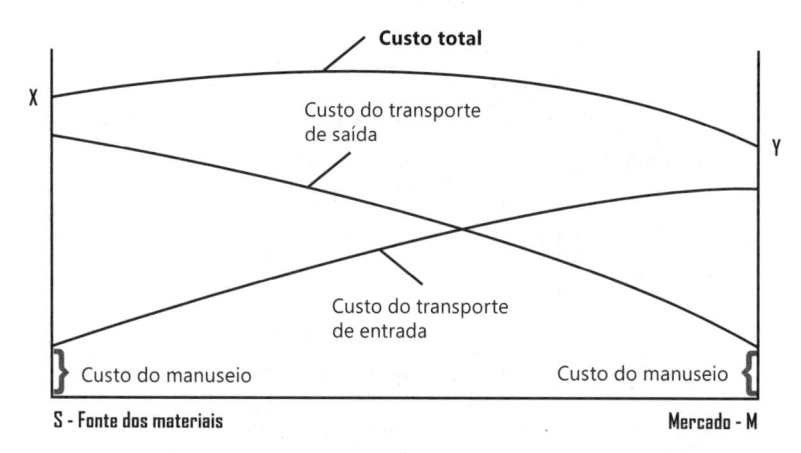

Fonte: Ballou, 2006, p. 436.

Agora, surgem alguns números, mas nada muito complexo. Com o desenvolvimento dos computadores, cálculos são realizados em pouco tempo, porém, muitas das fórmulas usadas ficam ocultas e, sem mostrá-las de forma efetiva, não há um entendimento pleno do processo.

O modelo a seguir, proveniente da obra de Ballou (2006), é um dos mais utilizados e tem como objetivo a localização de instalação única, sendo conhecido também pelos termos: *centro de gravidade exato, p-gravidade, método do mediano* e *método centroide*.

O propósito é determinar a posição com base no volume transportado, na tarifa de transporte e na distância até o ponto de instalação a ser localizada, minimizando o custo total do transporte através da fórmula:

$$\text{Min } TC = \sum_i V_i R_i d_i$$

Sendo que:
TC = custo total de transporte.
$\sum$ = somatória.
V_i = volume no ponto i.
R_i = taxa de transporte até o ponto i.
d_i = distância da instalação a ser localizada até o ponto i.

A localização da instalação é encontrada através das duas equações a seguir:

$$\overline{X} = \frac{\sum_i V_i R_i X_i / d_i}{\sum_i V_i R_i / d_i} \qquad \overline{Y} = \frac{\sum_i V_i R_i Y_i / d_i}{\sum_i V_i R_i / d_i}$$

Sendo que:

$\overline{X}, \overline{Y}$ = coordenadas da instalação localizada.
X_i, Y_i = coordenadas dos pontos de suprimento e demanda.

O d_i da distância é estimado por:

$$d_i = K \sqrt{(X_i - \overline{X})^2 + (Y_i - \overline{Y})^2}$$

Em que: K representa um fator de escala para converter em uma unidade de medida mais comum para distância – como milhas ou quilômetros.

A seguir, estão descritas as etapas de cálculo para definição da localização e do custo total com transporte:

1. Determinar as coordenadas X e Y para cada ponto de fonte e demanda, juntamente com os volumes e as tarifas lineares de transporte.
2. Aproximar a localização inicial do centro de gravidade, omitindo os termos de distância d_i, conforme a seguir:

$$\bar{X} = \frac{\sum_i V_i R_i X_i}{\sum_i V_i R_i} \qquad \bar{Y} = \frac{\sum_i V_i R_i Y_i}{\sum_i V_i R_i}$$

3. Usando a solução para $\bar{X}$, $\bar{Y}$ da etapa 2, calcular d_i conforme equação (o fator K não precisa ser utilizado nesse ponto).
4. Substitua d_i a partir das coordenadas revisadas $\bar{X}$ e $\bar{Y}$.
5. Recalcular d_i a partir das coordenadas revisadas $\bar{X}$ e $\bar{Y}$.
6. Repetir as etapas 4 e 5 até que as coordenadas $\bar{X}$ e $\bar{Y}$ não mudem por sucessivas interações, ou até que mudem tão pouco que continuar o cálculo não seja proveitoso.
7. Finalmente, calcular o custo total da melhor localização, se desejar, mediante a utilização da equação TC (custo total do transporte).

Para melhor entendimento dos cálculos, vamos a um exemplo prático. Ballou (2006, p. 437) faz referência à empresa *Limited Distributors Inc.*, com duas fábricas suprindo um armazém (que é o objeto do cálculo de localização) que, por sua vez, abastece três centros de demanda. O Gráfico 4.2 mostra a posição das fábricas (P1 e P2) e dos pontos de distribuição para o mercado (pontos M1, M2 e M3), expressos através de coordenadas geométricas X e Y. Os produtos partem de P1 e P2 para o armazém a ser localizado e, em seguida, são reembarcados para os mercados.

Gráfico 4.2 Posicionamento das fábricas P1 e P2 e dos mercados M1, M2 e M3

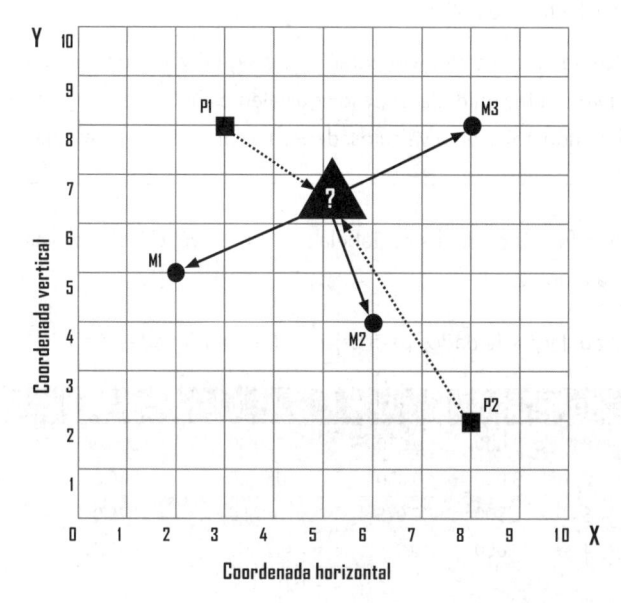

Fonte: Ballou, 2006, p. 438.

O objetivo principal é a localização do armazém único que seja capaz de minimizar os custos com transportes. Para facilitar a compreensão, os dados e a sequência de cálculos serão tabulados, atendendo a etapa 2 (Tabela 4.1).

Tabela 4.1 Volumes, tarifas de transportes e coordenadas para os mercados e pontos de suprimento

Ponto (I)	Produtos (S)	Volume total movimentado V1 (cwt.) b	Tarifas de transporte R1 ($/cwt/milha) a	Coordenadas Xi (milhas)	Yi (milhas)
1 – P1	A	2.000	0,050	3	8
2 – P2	B	3.000	0,050	8	2
3 – M1	A e B	2.500	0,075	2	5
4 – M2	A e B	1.000	0,075	6	4
5 – M3	A e B	1.500	0,075	8	8

Fonte: Ballou, 2006, p. 438.

Na Tabela 4.1:

a. As tarifas de transporte são determinadas pela divisão de uma taxa representativa cotada ($/cwt.) pela distância em milhas ao longo da qual a taxa se aplica.

b. No volume total movimentado, *cwt* significa quintal, uma unidade *quintal*, uma unidade de peso equivalente a 100 libras (cerca de 45 kg). Quando aplicado a veículos, denota a carga de um caminhão.

Ao se inserir os dados na Tabela 4.2, é possível calcular os valores determinados na etapa 2.

Tabela 4.2 Tabulação de dados para cálculo das coordenadas $\bar{X}$ e $\bar{Y}$.

i	Xi	Yi	Vi	Ri	Vi * Ri	Vi * Ri * Xi	Vi * Ri * Yi
1	3	8	2.000	0,050	100,00	300,00	800,00
2	8	2	3.000	0,050	150,00	1.200,00	300,00
3	2	5	2.500	0,075	187,50	375,00	937,50
4	6	4	1.000	0,075	75,00	450,00	300,00

(continua)

(Tabela 4.2 – conclusão)

i	Xi	Yi	Vi	Ri	Vi * Ri	Vi * Ri * Xi	Vi * Ri * Yi
5	8	8	1.500	0,075	112,50	900,00	900,00
					625,00	**3.225,00**	**3.237,50**
					$\sum_i V_i R_i$	$\sum_i V_i R_i X_i$	$\sum_i V_i R_i Y_i / d_i$

Fonte: Ballou, 2006, p. 438.

Com os dados tabulados, já é possível obter a localização do armazém por meio das fórmulas contidas na etapa 2, substituindo os valores tabulados na Tabela 4.2 (somatória) nas suas devidas posições:

$$\bar{X} = \frac{\sum_i V_i R_i X_i}{\sum_i V_i R_i} \qquad \bar{X} = \frac{3225,00}{625,00} = 5,16$$

$$\bar{Y} = \frac{\sum_i V_i R_i Y_i}{\sum_i V_i R_i} \qquad \bar{Y} = \frac{3237,50}{625,00} = 5,18$$

Substituindo os valores nas coordenadas geométricas X e Y, obtém-se a localização do armazém, conforme demonstrado no Gráfico 4.3.

Gráfico 4.3 Mapa final com a localização das fábricas P1 e P2, dos mercados M1, M2 e M3 e da localização sugerida do armazém

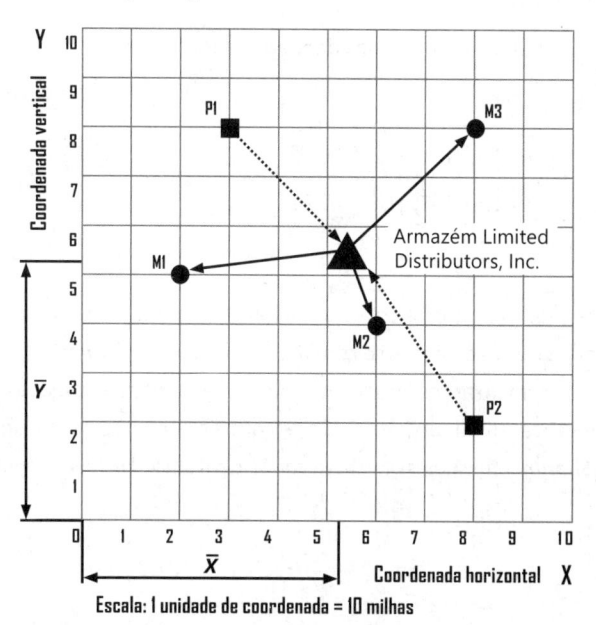

Escala: 1 unidade de coordenada = 10 milhas

Fonte: Ballou, 2006, p. 438.

Para o exemplo apresentado, os **cálculos foram encerrados na etapa 2**. Mesmo assim, vemos uma localização próxima do ótimo.

Para finalizar nossos cálculos, vamos aos custos totais de transporte, levando em consideração os valores obtidos em $\bar{X}$ e $\bar{Y}$, conforme demonstrado na Tabela 4.3.

Tabela 4.3 Cálculo do custo de transporte para localização do armazém da *Limited Distributors Inc.*

i	Xi	Yi	(4) Vi	(5) Ri	(6) di (Mi.) a	(7) = (4) × (5) × (6) Custo ($)
1	3	8	2.000	0,050	35,52 b	3.552,00
2	8	2	3.000	0,050	42,64	6.396,00
3	2	5	2.500	0,075	31,65	5.934,38
4	6	4	1.000	0,075	14,48	1.086,00
5	8	8	1.500	0,075	40,02	4.502,25
						$ 21.470,63

Fonte: Ballou, 2006, p. 438.

Na Tabela 4.3:

a) Essas distâncias foram arredondadas para 1/100 milhas.

b) Da equação:

$$d_i = K\sqrt{(X_i - \bar{X})^2 + (Y_i - \bar{Y})^2}$$

$$d_i = 10\sqrt{(3 - 5{,}16)^2 + (8 - 5{,}18)^2} = 35{,}52 \text{ milhas}$$

Esse exemplo mostra como a decisão sobre a localização de um armazém ou fábrica é algo complexo e com muitas variáveis. Existem outros modelos matemáticos, além do apresentado, que podem ser úteis para tomada de decisão quanto à localização. Alguns deles são encontrados na obra *Gerenciamento da Cadeia de Suprimentos/ Logística Empresarial*, de Ronald H. Ballou (2006).

4.3 Trade-off em distribuição

Muitos termos da língua inglesa são incorporados ao vocabulário das organizações, sendo o *trade-off* mais um deles.

> **Importante!**
>
> Uma interpretação traduzida do termo **trade-off** seria algo como: um equilíbrio alcançado entre duas características desejáveis, mas incompatíveis. Para exemplificar melhor, na maioria das decisões que tomamos, nem sempre há 100% de ganho, ou seja, ganhamos de um lado e perdemos de outro.

A escolha faz parte da vida. Quando compramos um computador e julgamos suas características, escolhemos um modelo com certas qualidades e deixamos de lado outro com qualidades diferentes. Isso também ocorre em decisões mais importantes, como a escolha da carreira profissional ou da pessoa com quem se casar. Você pode pensar: O que isso tem a ver com logística, canais de distribuição e localização? A resposta é: tem tudo a ver.

As escolhas têm ônus e bônus, o que se perde e o que se ganha. Transferindo esse conceito para os sistemas logísticos, direcionado aos canais de distribuição, surgem situações de conflito. Muitas vezes é necessário abrir mão de algo para se obter um ganho maior em outro. Nos aspectos relacionados à logística, existem variáveis que precisam ser consideradas: custos, lucratividade, retorno do investimento e nível de serviço. Na distribuição, o grande desafio é balancear o nível de disponibilidade dos produtos com os custos para atingir um nível que atenda aos clientes.

Para reforçar o entendimento, um exemplo: algumas indústrias do setor metalmecânico utilizam em sua produção ferramentas de usinagem para metais em grande quantidade. Para o usuário, é muito importante que se tenha um centro de distribuição próximo de sua fábrica, pois isso proporciona menor tempo de entrega das ferramentas e, consequentemente, minimização de possíveis paradas de produção. Isso sem contar que a administração do material fica por conta do fornecedor (custos de transporte, administração do estoque etc.).

Na condição de fornecedor, fica claro, nesse caso, que há um ganho expressivo no nível de serviço prestado, com altas taxas de disponibilidade do produto no tempo e na quantidade desejados pelo cliente. No entanto, é essencial se considerar os custos envolvidos.

Algumas funções podem exercer um efeito negativo, e não há como escapar desse dilema. Falando em dilema, outro *trade-off* clássico ocorre na gestão da cadeia de suprimentos: É melhor manter estoques maiores de matéria-prima (já que até esse momento não foram agregados custos de transformação) ou manter um estoque maior de produto acabado, porém com maior taxa de disponibilidade ao cliente (mesmo com os custos de transformação já agregados ao produto)?

O Gráfico 4.4 mostra as variáveis de custo de estoque, disponibilidade do produto e possibilidade de se obter o produto em estoque.

Gráfico 4.4 Curvas planejadas para o planejamento de estoques

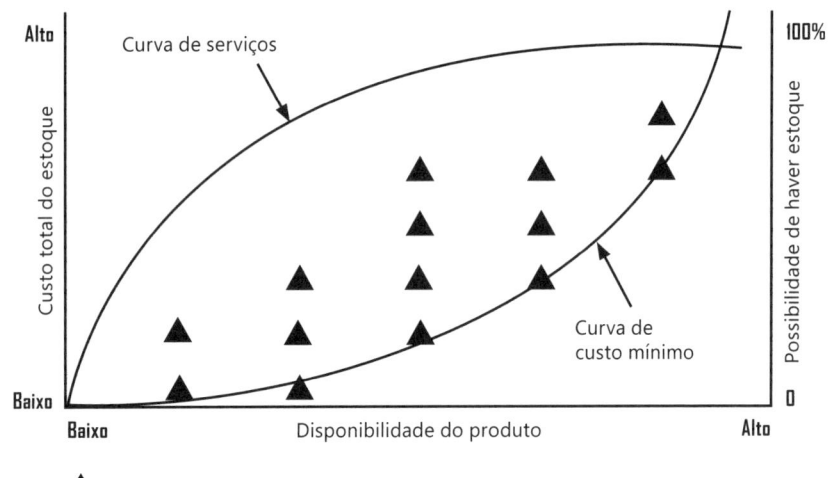

▲ Planos de estocagem alternativos

Fonte: Ballou, 2006, p. 277.

Até aqui, foram apresentadas uma série de possibilidades de tomada de decisão, mas não foi sugerido nenhum direcionamento. Infelizmente, não existe uma regra.

> **IMPORTANTE!**
>
> O profissional de logística deve compreender os *trade-offs* do sistema, analisá-los e, posteriormente, tomar as decisões para maximizar a disponibilidade e minimizar os custos.

Também é preciso levar em consideração o mercado em que a empresa atua, pois cada produto ou serviço apresenta uma necessidade, que pode ser a exigência de uma pronta-entrega para não perder as vendas. Então, o conhecimento do produto, do mercado e do cliente é fundamental para as escolhas.

4.4 Roteirização de veículos

Para que tenhamos a distribuição de um determinado produto de forma eficaz, além dos elementos que já vimos até aqui, como a escolha do local do centro de distribuição, faz-se necessário um bom projeto de roteirização de veículos. Por que a roteirização de veículos é importante? Porque os custos com transportes são os que têm grande participação no custo logístico.

Segundo Ballou (2005), o transporte representa de um a dois terços dos custos logísticos totais, portanto, teoricamente, o melhor roteiro propicia o menor custo com transporte. A determinação dos melhores roteiros para os veículos, a fim de minimizar os tempos de viagem e distâncias percorridas, gera importantes benefícios para empresas em qualquer ramo de atividade, em termos de redução de custos e melhoria no nível de serviço ao cliente (Miura, 2003).

Conforme Shigunov Neto e Gomes (2016, p. 151), a "roteirização de veículos é o processo de planejamento e execução de entrega de produtos para os consumidores finais, de modo a reduzir custos e satisfazer as necessidades dos clientes".

> **IMPORTANTE!**
>
> Portanto, o objetivo primário da roteirização de veículos é encontrar o melhor roteiro entre o ponto de origem e o(s) ponto(s) de destino, por meio do menor custo e com o melhor nível de serviço possível.

Mas como conseguir este roteiro otimizado? Com relação ao modal rodoviário, que é o modal que mais utiliza estudos de roteirização, podemos ter vários exemplos nas grandes cidades. Os demais modais não permitem a mesma flexibilidade e customização de rota de acordo com a necessidade da empresa. Por isso, é mais comum falarmos em modal rodoviário associado à roteirização.

Para estabelecer as rotas aquaviárias e aeroviárias, a roteirização também é realizada pelo embarcador, mas, na maioria das vezes, não é disponibilizada como opção de ajustes ao contratador. A decisão da rota a ser percorrida, nesses casos, é do transportador.

Nesse sentido, Novaes (2004, p. 290) cita alguns exemplos de aplicação de roteirização na distribuição de produtos e serviços:

- entrega em domicílio de produtos comprados nas lojas de varejo ou pela internet;
- distribuição de produtos dos centros de distribuição para lojas de varejo;
- distribuição de bebidas em bares e restaurantes;
- distribuição de dinheiro para caixas eletrônicos de bancos;
- distribuição de combustíveis para postos de gasolina;
- distribuição de artigos de toalete (toalhas, roupas de cama etc.) para hotéis, restaurantes e hospitais;
- coleta de lixo urbano;
- entrega domiciliar de correspondência etc.

O objetivo do tema "roteirização de veículos" é compreender como se chegar a um percurso otimizado, com menor custo operacional possível aliado a um serviço de alto nível para os clientes. Até aqui, parece fácil, mas não é bem assim.

Para percursos curtos e com poucos pontos de atendimento, a roteirização se torna mais simples. No entanto, sempre haverá empecilhos relativos às restrições impostas pelo próprio sistema, como:

- limite de tempo da jornada dos motoristas;
- algumas escalas são limitadas pelo horário estabelecidos para carga e descarga;
- velocidade máxima permitida;
- tamanho máximo de veículos em determinadas vias públicas;
- limitação de carga (peso e volume) dos veículos.

Para os exemplos a serem apresentados neste livro, não abordaremos as restrições, pois estas são específicas conforme a aplicação.

Quando se fala em *roteirização de veículos*, não se pode deixar de utilizar a expressão *PCV* – problema de caixeiro-viajante (Novaes, 1989), que analisou o problema e exemplificou a metodologia através de um caixeiro-viajante que tinha como objetivo visitar uma determinada quantidade de cidades usando o menor percurso possível.

Para Ballou (2006, p. 199), os responsáveis pela expedição de caminhões "conseguem avanços significativos no desenvolvimento de boas rotas e cronogramas aplicando oitos princípios como diretriz", mostrados resumidamente a seguir.

- **Princípio 1** – Os caminhões devem ser carregados de modo que os volumes sejam destinados a paradas mais próximas entre si, conforme a Figura 4.4.

Figura 4.4 Agrupamentos para a destinação de volumes de paradas e veículos

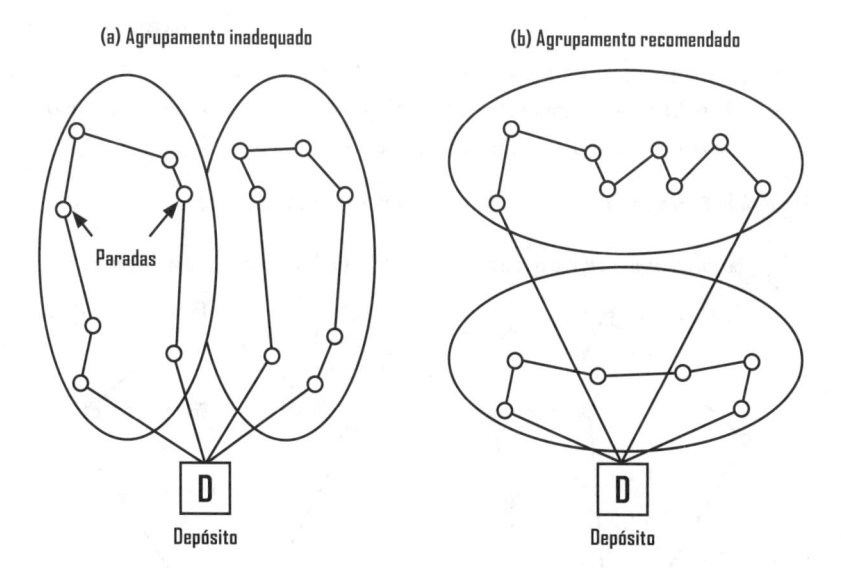

Fonte: Ballou, 2006, p. 200.

- **Princípio 2** – Evitar sobreposição de rotas mediante o arranjo de paradas em dias diferentes, de acordo com a Figura 4.5.

Figura 4.5 Agrupamentos de paradas por dia da semana

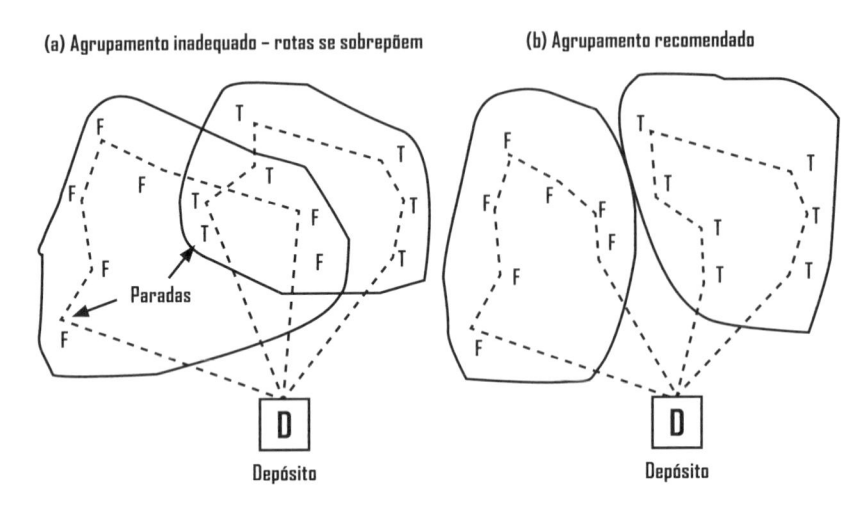

(a) Agrupamento inadequado – rotas se sobrepõem

(b) Agrupamento recomendado

Fonte: Ballou, 2006, p. 200.

- **Princípio 3** – Comece o roteiro pela parada mais distante do depósito.
- **Princípio 4** – O sequenciamento das paradas em um roteiro de caminhões deve ter forma de lágrima, conforme a Figura 4.6.

Figura 4.6 Exemplos de bons e maus sequenciamentos de escalas

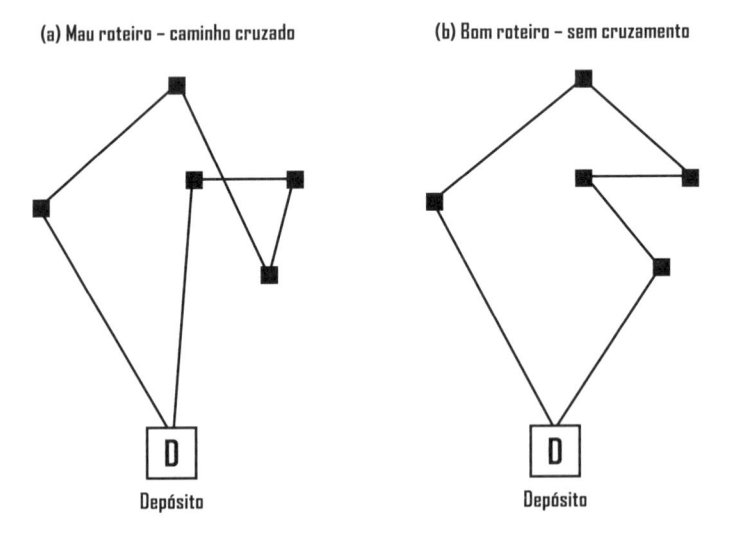

(a) Mau roteiro – caminho cruzado

(b) Bom roteiro – sem cruzamento

Fonte: Ballou, 2006, p. 197.

Logística dos canais de distribuição

- **Princípio 5** – Os roteiros mais eficientes são aqueles que fazem uso dos maiores veículos disponíveis.
- **Princípio 6** – A coleta deve ser combinada nas rotas de entrega, em vez de ser reservada para o final dos roteiros.
- **Princípio 7** – Uma parada removível de um agrupamento é uma boa candidata a um meio alternativo de entrega (terceirização pode ser uma boa alternativa).
- **Princípio 8** – As pequenas janelas de tempo de paradas devem ser evitadas (renegociar limites para evitar uma sequência de paradas longe do padrão ideal).

Os princípios expostos servem como referência no processo decisório de uma roteirização de veículos. Com base em literaturas especializadas em logística, como Ballou (2006) ou Novaes (2004), é possível obter vários métodos para construção de roteiros. Dentre os métodos tradicionais, este estudo se concentra em um dos mais simples de se usar e de computação rápida, que é o **método de varredura**.

Esse método, segundo Ballou (2006, p. 203), "pode apresentar um índice médio de erro da ordem de 10%", porém aceitável para quem quer obter uma solução boa em vez de uma solução ótima. Também é bastante utilizado em função da rapidez com que se consegue os resultados, o que muitas vezes se torna uma vantagem competitiva, principalmente quando se tem de elaborar roteiros em prazos curtíssimos.

Para elaborar uma roteirização pelo processo de varredura, deve-se seguir as etapas a seguir:

1. Localizar num mapa ou numa grade todas as paradas a serem processadas, inclusive o depósito, que preferencialmente deve se situar próximo ao centro.
2. Após o depósito, crie um eixo (linha reta) em qualquer direção (sentido horizontal, lado direito, por exemplo). Com origem no ponto inicial, crie uma cópia dessa reta e a faça girar até que inclua um cliente e verifique as seguintes restrições: a) A capacidade do veículo é suficiente? b) O tempo de atendimento do cliente excede a jornada de trabalho permitida por dia? Se as respostas forem negativas, continue girando a reta até a próxima parada (cliente) e assim sucessivamente até que uma das respostas seja positiva, nesse caso, encerra-se esse roteiro e inicia-se outro.

3. Dentro de cada roteiro, faça a otimização do percurso para minimização dos custos, utilizando como referência técnicas como a do caixeiro-viajante e os princípios apresentados anteriormente.

Para melhor entendimento, vamos considerar como exemplo uma empresa distribuidora denominada *Fênix* (nome fictício), que atua em uma determinada região atendendo vários clientes (paradas). Os pontos de distribuição com as quantidades estão representados na Figura 4.6. A Fênix possui veículos com capacidade máxima de 20 mil unidades e, em função do tipo de produto, a distribuição tem de ser diária. O objetivo é determinar quantos roteiros (veículos) serão necessários para atender a demanda.

Conforme as etapas descritas anteriormente, trace uma linha a partir do depósito (nesse caso, uma linha horizontal no sentido da esquerda para direita), crie uma cópia dessa reta e comece a girá-la até atingir uma quantidade próxima de 20 mil unidades. Ao conseguir essa quantidade, encerre o roteiro e comece outro, com a mesma regra. Veja o resultado na Figura 4.7.

Figura 4.7 Roteirização da Distribuidora Fênix através do método de varredura

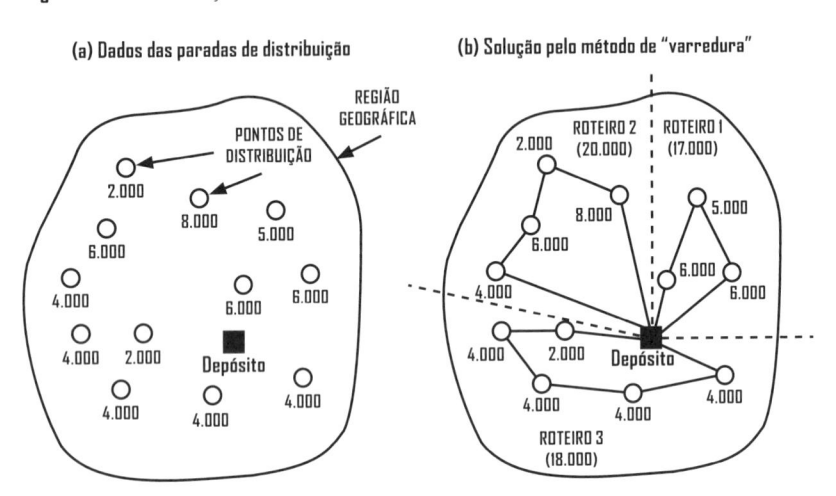

(a) Dados das paradas de distribuição   (b) Solução pelo método de "varredura"

Fonte: Elaborado com base em Ballou, 2006, p. 204.

A roteirização da Figura 4.7 é um exemplo relativamente simples que poderia ser elaborado por meio de *softwares* de computadores. Através de um *software* específico para roteirização de veículos, é possível planejar a sequência de locais onde as entregas devem ser feitas, considerando a localização geográfica e as condições de viagem e, assim, planejar o carregamento da carga, prever o consumo de combustível, entre outros benefícios.

4.5 Tecnologia da informação aplicada à distribuição

Como em qualquer outra área, também na logística e especificamente na distribuição, a tecnologia da informação (TI) revolucionou a forma de se trabalhar. Hoje, não se pode falar em *logística* sem atrelar a ela algum item de tecnologia, por meio da utilização de *softwares* e *hardwares* que garantam o planejamento estratégico das atividades de distribuição. Todos os dias surgem novidades de tecnologia para serem aplicadas na área de logística.

Apresentamos a seguir uma listagem resumida dos principais *softwares* utilizados nos processos logísticos.

Sistemas de gestão de transportes – TMS (*Transportation Management System*): Utilizados para planejamento e otimização de rotas, auditoria de frete e pagamento, otimização de carga, gestão de pátios logísticos, gestão de transportadoras, entre outras aplicações. Proporciona a redução de custos por meio do planejamento de rotas e da otimização de carga, bem como o aumento da visibilidade da cadeia de transportes (rastreabilidade, posição geográfica e temporal dos veículos etc.).

Sistemas de gestão de armazéns – WMS (*Warehouse Management System*): Empregados para suportar as operações de rotina de armazéns. Propiciam o gerenciamento centralizado de atividades, como inventários, endereçamento de estoques, recebimento e inspeção de cargas, expedição etc. Podem ser implantados conjuntamente com um sistema integrado de gestão empresarial – ERP (*Enterprise Resource Planning*).

Sistemas de roteirização – Como já mencionado anteriormente, a roteirização permite reduções de gastos na parcela que causa o maior impacto nos custos logísticos, que é o transporte. Um *software* de roteirização possibilita a definição da rota mais econômica, facilita a programação dos veículos e, consequentemente, ajuda na determinação racional do tamanho da frota, entre outras facilidades.

IDENTIFICAÇÃO POR RADIOFREQUÊNCIA – RFID (*Radio Frequency Identification*): Tecnologia que utiliza a frequência de rádio para captura de dados, diferentemente do código de barras, que precisa de um feixe de luz. A utilização da radiofrequência em processos produtivos e logísticos proporciona o controle do fluxo de produtos por toda a cadeia de suprimentos, permitindo seu rastreamento da fabricação até o ponto final da distribuição. Em comparação ao código de barras, o RFID destaca-se por poder ser utilizado em ambientes agressivos, ter alta capacidade de armazenagem de dados, apresentar vida útil superior e maior segurança de dados, entre outros. Com custo de implantação ainda um pouco elevado, essa tecnologia é uma tendência de aplicação em processos logísticos.

RASTREADORES DE CARGA – Aplicativo que utiliza a tecnologia GPS (*Global Position System*) para rastrear a movimentação de cargas em tempo real, possibilitando a obtenção de informações sobre a localização exata da carga que está sendo transportada e também a tomada de ações em caso de furto, roubo ou acidente.

Além dos exemplos apresentados, a tecnologia da informação (TI) também está presente em *softwares* para agendamento automático de entregas, agendamento de docas, rastreamento e monitoramento do ciclo do pedido até a otimização de carregamento com a utilização de transportadores autônomos. A tecnologia parece não ter limites, e a logística agradece.

SÍNTESE

Chegamos ao fim deste capítulo com uma bagagem considerável sobre distribuição e suas ligações com vários elementos dos processos logísticos. Abordamos primeiro o ambiente de distribuição, tema que já mostrou a complexidade desse sistema por meio de projetos e decisões de cunho estratégico, levando em consideração características geográficas, econômicas e culturais. Em seguida, tratamos das estratégias de localização que, se não forem elaboradas com informações confiáveis e técnicas apuradas, podem até mesmo comprometer grandes projetos. Apresentamos também um modelo matemático para localização de instalação.

Quando temos que decidir onde localizar um armazém em um determinado canal de distribuição, aumentam-se exponencialmente as variáveis. Assim, nem sempre é possível tomar uma decisão baseado apenas em fatos positivos. Essa é a vida real, ou seja, ganhamos de um lado e perdemos do outro. Para entender essa relação entre perdas e ganhos, usamos o conceito de *trade-off* em distribuição.

Definido o local para instalação e os modais de transporte, partimos para outra questão: Como ser eficaz no quesito transporte, que é o maior custo nos sistemas logísticos? Vimos, assim, que, na otimização dos custos, a roteirização nos processos de distribuição é fundamental.

Por fim, destacamos a influência da tecnologia da informação, apresentando os principais aplicativos e *softwares* que estão alterando a forma de trabalho dos processos logísticos e, consequentemente, da distribuição.

Estudo de caso

Por falar em tecnologia, o caso em questão demonstra como a utilização de recursos tecnológicos proporciona ganhos fantásticos na distribuição física dos materiais. O fato aqui apresentado ocorreu há alguns anos em uma indústria do setor de telecomunicações. A empresa fornecia um determinado produto, denominado *Kit Antena Offset DTH*, para todo o Brasil, porém estava enfrentando problemas como a falta de uma rastreabilidade eficaz, dificuldade na manutenção dos termos de garantia e conflitos com produtos piratas.

O produto era distribuído por diversos canais (grandes distribuidores, varejistas e representantes) em caixas de papelão com quatro unidades. Para resolver o problema, foi inserida uma etiqueta com código de barras na lateral da caixa de papelão. No ato da expedição do produto, um leitor de código de barras fazia a leitura e os dados seguiam eletronicamente para uma lista que, posteriormente, era atrelada à nota fiscal.

Até esse ponto, tudo corria muito bem, pois se sabia quais eram os locais de destino das caixas. Porém, surgiram algumas reclamações que começaram a tirar o sono do pessoal da qualidade e de vendas: em vários pontos de distribuição, os produtos eram retirados das caixas e vendidos "a granel". Clientes reclamavam da qualidade do produto, o que era improcedente, afinal, os produtos eram os mesmos, só que adquiridos no mercado paralelo. Isso causava grandes transtornos para a empresa e sua imagem.

A partir desse momento, os Departamentos de Engenharia de Produto, Engenharia de Processo e Logística iniciaram um trabalho para solucionar o problema. Atrelar um código de barras a cada produto era a maior dificuldade desse projeto.

Mas, depois de vários estudos, obteve-se um ótimo resultado: todos os produtos teriam a identificação por códigos de barras, os quais seriam resistentes a intempéries do tempo e atenderiam à durabilidade exigida pelo cliente.

Após a finalização do projeto técnico, o pessoal de engenharia de processo, juntamente com o pessoal da logística, desenvolveram um sistema para rastreabilidade e distribuição física dos produtos, conforme apresentado na Figura 4.8.

Figura 4.8 Sistema para rastreabilidade e distribuição física

Produto sem código de barras

Recebe código de barras

Leitura dos códigos de barras

A cada quatro leituras é gerada uma etiqueta

Geração de lista atrelada à NF

Embarque para posterior distribuição

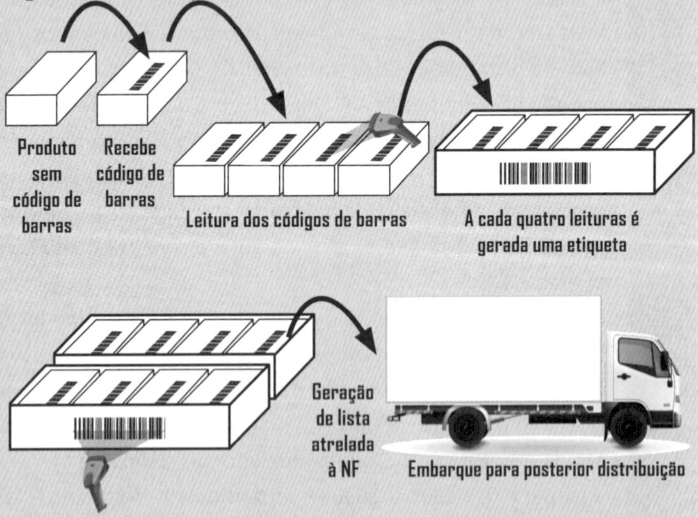

Macrovector, Golden Sikorka/Shutterstock

Logística dos canais de distribuição

Comentário

Nesse caso, foi possível enxergar de forma simples a força da tecnologia suportando um sistema de rastreabilidade e distribuição física.

Questões para revisão

1. Ao estudar o ambiente de distribuição, vimos em detalhes algumas características básicas que influenciam esse ambiente. Quais são essas características?

2. Para definição da estratégia de localização, algumas variáveis básicas devem ser levadas em consideração. Quais são essas variáveis?

3. Analise o segmento de texto a seguir, referente a um questionamento:

> Na localização de um determinado centro de distribuição (CD), as forças direcionadoras apontaram para uma decisão econômica, levando-se em conta o custo de aquisição do terreno e a mão de obra mais atraente; no entanto, em termos geográficos, o CD ficou um pouco longe dos centros de distribuição.

Esse tipo de situação recebe a denominação de:

a) Acurácia de localização.
b) Ambiente de distribuição.
c) *Trade-off* em distribuição.
d) *Lay-off* em distribuição.
e) Rotas de distribuição.

4. Conforme Shigunov Neto e Gomes (2016, p. 151), "roteirização de veículos é o processo de planejamento e execução de entrega de produtos para os consumidores finais, de modo a reduzir custos e satisfazer as necessidades dos clientes". Portanto, o objetivo primário da roteirização de veículos é:

a) encontrar o melhor roteiro entre o ponto de pedido e o(s) ponto(s) de entrega por meio do menor custo e com o melhor nível de serviço possível.
b) encontrar o melhor roteiro entre o ponto de origem e o(s) ponto(s) de destino por meio do menor custo e com o melhor nível de serviço possível.
c) encontrar o roteiro comum entre o ponto de origem e o(s) ponto(s) de destino por meio da metodologia denominada *caixeiro-viajante*.
d) encontrar a rota eficaz entre duas localizações através de uma reta, que é a menor distância entre dois pontos.
e) encontrar o equilíbrio entre o ponto de origem e o(s) ponto(s) de destino por meio da metodologia denominada *varredura*.

5. No processo de desenvolvimento da roteirização de veículos, sempre haverá empecilhos relativos às restrições impostas pelo próprio sistema. Quais são essas restrições?

Questões para reflexão

1. Nos estudos sobre ambiente de distribuição, verificamos que existem características que influenciam na tomada de decisão para localização. As caraterísticas econômicas, geográficas e culturais estão entre elas. Sobre isso, responda:
   a) Até que ponto as características culturais influenciam no poder de decisão de localização?
   b) Além das características culturais apresentadas, pesquise quais outras influenciam ou já influenciaram projetos de localização.

2. Neste estudo, quando abordamos *trade-off* em distribuição, foi utilizado um exemplo de decisão. Seguindo a ideia estudada, é melhor manter estoques maiores de matéria-prima ou vale mais a pena manter um estoque maior de produto acabado? Pense que, no primeiro caso, ainda não foram agregados custos de transformação e, no segundo, mesmo com

os custos de transformação já agregados ao produto, há maior taxa de disponibilidade ao cliente.

a) Faça um comparativo entre o *trade-off* anterior e a proposta de Alfred Weber (citado por Ballou, 2006) a respeito dos efeitos do peso dos produtos sobre o processo de localização antes e depois do processamento, conforme descrito no nosso estudo sobre estratégias de localização.

b) Existe a possibilidade de se aplicar a proposta de Weber para o *trade-off* apresentado?

Para saber mais

Apresentamos neste capítulo vários aspectos da distribuição, como ambiente de distribuição, estratégias de localização e roteirização de veículos. Abordamos também a tecnologia aplicada à logística, especificamente na distribuição. Nesse contexto, sugerimos a leitura do texto do portal Logística Descomplicada. Trata-se de uma entrevista com um executivo de TI de uma grande empresa que expõe de forma sucinta a importância da tecnologia da informação sobre os processos logísticos.

COELHO, L. C. Tecnologia da informação (TI) e logística: como funciona essa integração? Logística descomplicada, 3 nov. 2010. Disponível em: <http://www.logisticadescomplicada.com/tecnologia-da-informacao-ti-e-logistica-como-funciona-essa-integracao/>. Acesso em: 16 maio 2018.

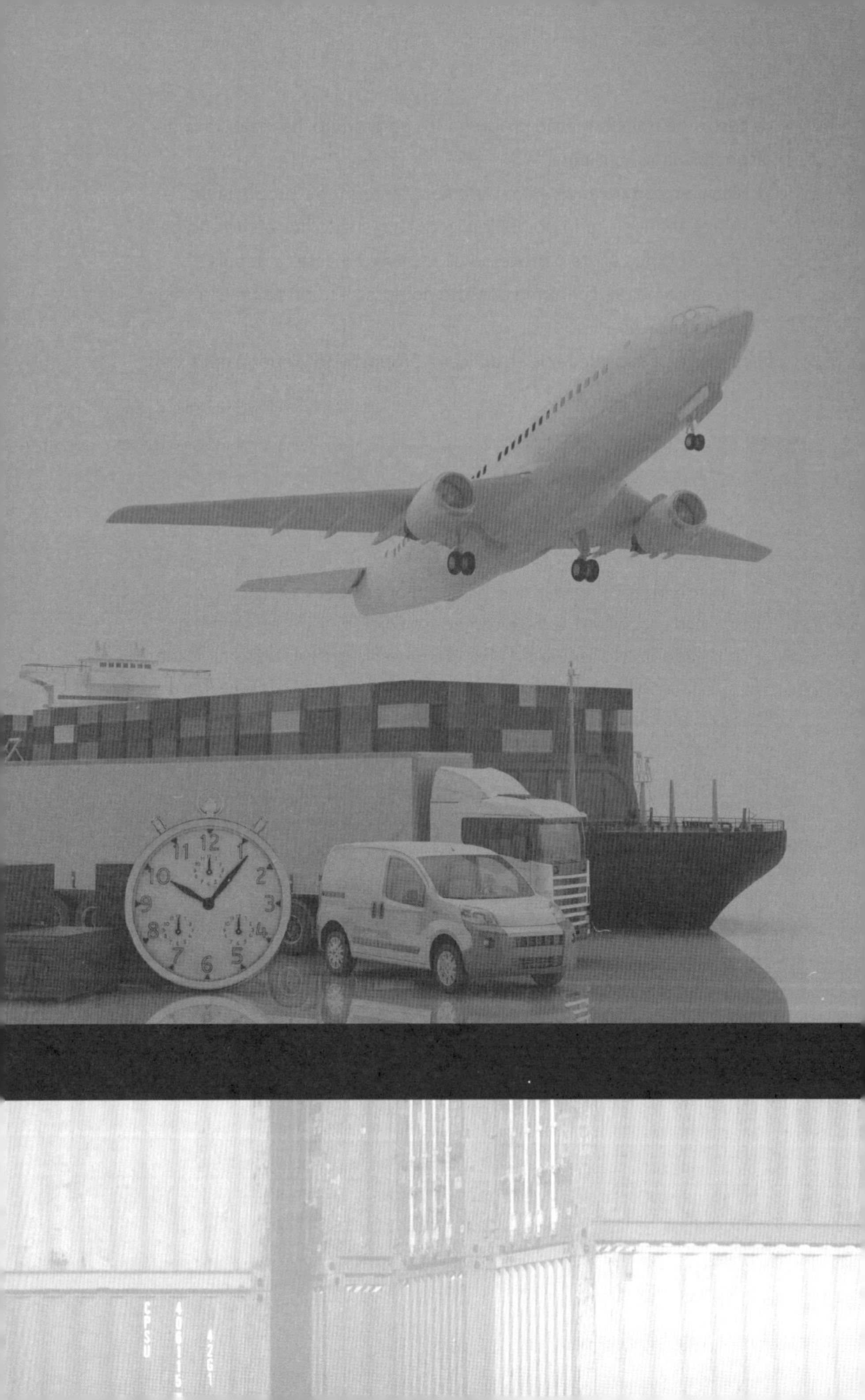

5
Ciclo do pedido e atendimento da demanda

Conteúdos do capítulo:

- Ciclo do pedido.
- Conceito e modelos de *picking*.
- Infraestrutura de armazenagem e *stage in*/*stage out*.
- Unitização e embalagens para transporte.
- Características do processo de expedição.

Após o estudo deste capítulo, você será capaz de:

1. saber como atender as diferentes demandas geradas pelo ciclo do pedido;
2. perceber como o ciclo de pedido se comporta nos diferentes canais de distribuição;
3. entender o que é *picking* para a logística e modelos que podem ser utilizados;
4. identificar um armazém com suas áreas de *stage in* e *stage out*;
5. compreender a unitização de cargas e a importância das embalagens para o transporte;
6. determinar as características de um processo de expedição.

Ao longo dos capítulos anteriores, apresentamos os canais de distribuição, seus modelos, componentes e estruturas. Abordamos também os itens que estão diretamente relacionados à sua operacionalização e abastecimento, como os modais de transporte e roteirização.

Este capítulo explica como o processo tem início – como acontece esse *start* da distribuição. Podemos dizer que ele começa com o pedido do cliente. Esse momento é importante para atender à demanda de forma satisfatória e para alcançar o nível de serviço ao cliente.

Primeiramente, conceituaremos o ciclo do pedido do cliente, entendendo como ele se dá nos diferentes canais e com tecnologias distintas empregadas pelas empresas. Depois, passaremos a descrever como a empresa trabalha com essa informação recebida, da separação e embalagem para a entrega até a expedição.

Mais uma vez, ressaltamos que os aspectos descritos não são uma fórmula e que cada produto e cada empresa tem sua particularidade, mas os conceitos estão sempre presentes nas operações.

5.1 Ciclo do pedido

No **ciclo do pedido**, tem-se mais um período de integração entre o *marketing* e a logística, passando inclusive pela produção. Tudo o que foi comentado sobre a integração entre os setores da empresa e o planejamento em harmonia é importante para que o nível de serviço ao cliente seja atingido nesse momento também.

A ideia de ciclo sugere algo que ocorre de forma repetitiva em determinado intervalo de tempo. Entende-se por *ciclo* o "período durante o qual se completa uma sequência de eventos ou fenômenos" (Michaelis, 2013, p. 182).

> **IMPORTANTE!**
>
> O ciclo de pedido é uma sequência de eventos relacionados à aquisição de uma mercadoria ou serviço. Repete-se, mas não sempre com o mesmo cliente. Ocorre da mesma forma com clientes diversos.

Além disso, o ciclo de pedido leva um período de tempo para acontecer, que pode variar de acordo com o produto, com a empresa e até mesmo com o canal de distribuição escolhido pelo cliente e disponibilizado pela empresa. Uma mesma empresa pode ter diferentes ciclos de pedido para diferentes canais de distribuição, para um mesmo produto.

Como é algo que funciona de forma personalizada para cada empresa, a sua composição também será variável. Mas vamos trabalhar aqui com o modelo mais comumente encontrado e que pode abranger o maior número de situações. Podemos visualizar o fluxo do ciclo do pedido na Figura 5.1.

Figura 5.1 Fluxo do ciclo de pedido

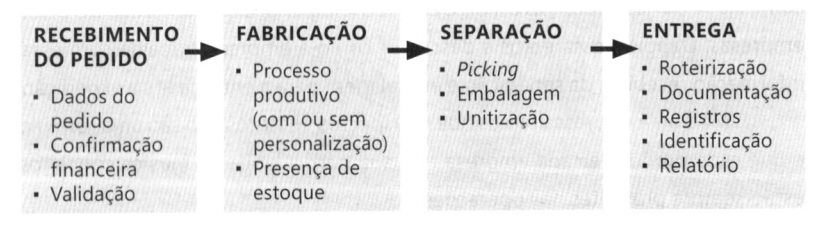

RECEBIMENTO DO PEDIDO	FABRICAÇÃO	SEPARAÇÃO	ENTREGA
• Dados do pedido • Confirmação financeira • Validação	• Processo produtivo (com ou sem personalização) • Presença de estoque	• Picking • Embalagem • Unitização	• Roteirização • Documentação • Registros • Identificação • Relatório

Observe que algumas dessas atividades descritas em cada processo do ciclo do pedido já foram trabalhadas ao longo do livro, como a roteirização. Isso porque a logística não ocorre de forma isolada e suas atividades são interdependentes. Outras – como *picking*, embalagem e unitização – serão melhor exploradas neste capítulo.

De modo geral, é possível perceber que algumas etapas acontecem apenas sistemicamente e outras são visíveis, com o produto sendo manuseado. Embora a maioria dos pedidos seja via sistemas, nada impede que eles sejam realizados de outra forma, como por uma solicitação verbal ou até mesmo pelo registro em um caderno ou algo similar. As empresas que utilizam sistemas acabam tendo maior competitividade e maior controle que as demais.

Tendo esse fluxo do ciclo do pedido em mente (Figura 5.1), descrevemos a seguir como cada uma dessas etapas se comporta e quais são as principais atividades envolvidas.

5.1.1 Recebimento do pedido

O recebimento do pedido é o registro da venda. Pode ser de forma física, no varejista, ou até mesmo pelo *e-commerce* e entrar diretamente no sistema da empresa. A responsabilidade de alimentar o sistema com informações, como a quantidade de produto, tipo, peso, variedade, exclusividade, prazo de entrega, local de entrega e valores cobrados, pode ser do vendedor.

É com base nessas informações que a empresa pode iniciar a produção do produto – um prato de comida em um restaurante, por exemplo. Ou, se há a pronta-entrega, é nesse momento que será contabilizada a saída do produto do estoque e gerada a necessidade de reposição.

5.1.2 Fabricação

Nessa etapa, após o pedido do cliente, o produto será fabricado. Quando falamos de *produtos de massa*, a etapa de fabricação se dá antes da etapa do recebimento do pedido, mas a fabricação se mantém conforme as vendas são registradas. Para casos em que é necessária uma customização – por cor, por exemplo –, a fabricação pode ser realizada parcialmente, antes do pedido. O produto semiacabado fica estocado e, após a confirmação do pedido, a produção é finalizada de acordo com a solicitação do cliente. Trabalhando dessa maneira, a empresa garante a redução no tempo de entrega com customização do produto e aumenta sua competitividade. É o processo de fabricação do produto que permite isso.

Aqui entram as atividades de planejamento e controle da produção, controle da qualidade do produto e sistemas de produção. Nesse momento, a empresa decide se precisa trabalhar com estoque ou se pode adotar conceitos como o *lean manufacturing* e o JIT (*just in time*).

5.1.3 Separação

As atividades de separação podem ser realizadas dentro da própria empresa ou, então, em um centro de distribuição. São atividades como a embalagem, o *picking* e a unitização de carga – a serem abordadas neste capítulo.

5.1.4 Entrega

O prazo de entrega é estabelecido considerando os prazos para que cada uma das etapas anteriores aconteça. É crucial, então, que a empresa conheça seus processos, seus fornecedores e seu produto. Para o planejamento da entrega, é preciso realizar a escolha do modal de transporte, já descrita no Capítulo 3.

Para manter o nível de serviço ao cliente na entrega, é preciso que esta ocorra no local correto (esperado pelo cliente), no prazo combinado (data e horário) e com o produto correto (quantidades e características de acordo com o pedido). Nesse contexto, algumas atividades são fundamentais:

Roteirização – Estabelecimento de caminho a ser percorrido pela entrega (já estudamos o tema no Capítulo 4).

Documentação – É preciso que todos os documentos necessários para o transporte e a entrega da mercadoria estejam de acordo com o previsto pela legislação, tanto no que se refere às notas fiscais quanto em relação ao modal utilizado.

Registros – Quando se trata de uma carga que precisa de um registro específico – ambiental, entre outros –, é preciso que ele esteja regular. Isso também vale para taxas envolvidas.

Identificação da embalagem e do modal – Tanto a embalagem do produto como das caixas ou paletes devem estar corretamente identificadas. Da mesma forma, quando houver necessidade, é preciso que o modal utilizado também receba as corretas identificações, como quando há o transporte de carga viva ou produto perigoso.

Relatório para acompanhamento e pós-venda – Após a efetivação da entrega, é preciso que esta seja registrada no sistema para que possa estabelecer os prazos de entrega e atividades de pós-venda. Aqui também podem ser incluídos os registros realizados ao longo do transporte para a entrega, de forma a possibilitar a rastreabilidade da mercadoria e disponibilizar essa informação ao cliente, como política de transparência. Essas informações serão também utilizadas para monitoramento da efetividade das entregas, com a devida verificação de que estão sendo feitas a contento e conforme planejado.

> **IMPORTANTE!**
>
> Vale uma ressalva: nos casos em que a entrega envolva exportação, é preciso verificar a legislação do local de destino para que as atividades descritas aconteçam de forma a permitir a entrega.

Em algumas situações, essas etapas do fluxo do ciclo do pedido se desenrolam no varejista, como na venda de livros em livrarias. A pessoa entra na livraria, escolhe o título desejado, realiza o pagamento e sai com o livro. Não há uma etapa de fabricação porque, nesse caso, o produto é vendido em pronta-entrega. Mas houve um planejamento da distribuição para que o livro estivesse disponível na prateleira da livraria no momento em que o consumidor entrou na loja para buscar. Tudo isso é organizado com base nas informações de demanda para que se saiba quais títulos precisam estar disponíveis e em quais quantidades.

5.2 Conceito e modelos de *picking*

O atendimento de pedidos inclui algumas atividades físicas. De acordo com Ballou (2006, p. 125), elas são necessárias para:

> 1) adquirir os itens mediante retirada de estoque, produção ou compra.
> 2) embalar os itens para embarque; 3) programar o embarque de entregas; 4) preparar a documentação para o embarque. Algumas dessas atividades podem ser desenvolvidas em paralelo com as da entrada de pedidos, compactando assim o tempo de processamento.

> **IMPORTANTE!**
> Depois que se registra o pedido, é preciso fazer a separação. É quando são usadas as atividades de *picking*.

Existem, basicamente, quatro modelos de *picking* de produtos acabados. Cada um deles é mais indicado para um tipo de produto e um tipo de separação. A empresa deve analisar seu processo e seu *mix* de produtos para decidir qual a melhor forma de organizar e operacionalizar seu *picking*.

Antes de abordarmos a definição de cada modelo de produto, é importante termos claras quais são as definições de *sistema*, *mix* e *linhas de produtos*. Estes serão termos importantes para entender o funcionamento dos modelos de *picking*.

Um sistema de produto é um grupo de itens diferentes, porém relacionados, que funcionam de maneira compatível. Por exemplo, o extenso sistema de produtos do iPod inclui fones de ouvido, cabos e suportes, braçadeiras, capas protetoras, carregadores de bateria e veiculares e alto-falantes. Um *mix* de produtos (também conhecido como sortimento de produtos) é o conjunto de todos os produtos e itens que uma empresa põe à venda.

Um *mix* de produtos se compõe de várias linhas de produtos. O *mix* de produtos da japonesa NEC consiste em produtos de comunicação e de computação. A Michelin possui três linhas de produtos: pneus, mapas e guias de restaurantes. (Kotler; Keller, 2012, p. 357-358)

A variedade de componentes que compõe o *mix* de produtos e suas respectivas linhas nas empresas interferem diretamente na escolha do modelo de *picking* que será utilizado. Quanto menor essa variedade, mas simplificado é o processo de *picking*; e, quanto maior a variedade, mas complexa sua operacionalização. A seguir, apresentamos os modelos de *picking* de produtos acabados:

PICKING DISCRETO – Os pedidos são separados um a um e os itens que compõem o pedido também são escolhidos de forma individual. O responsável pela separação realiza a coleta de todos os produtos que compõem o pedido. Guardadas as devidas proporções, podemos dar um exemplo que todos já vivenciaram de *picking* discreto, pois, quando estamos em um supermercado realizando as compras, estamos colocando em prática esse conceito. Cada pessoa possui o seu "pedido", que seria a sua lista de compras, os produtos estão disponíveis nas prateleiras e cada "operador" (ou consumidor do mercado) realiza a coleta de um produto por vez, até estar com o seu pedido completo ou finalizado.

PICKING POR ZONA – Os produtos são separados por zona, a área de *picking*, e cada operador é responsável por uma zona. Quando um pedido é registrado, cada operador busca a quantidade determinada em sua zona para compor o pedido. Dessa forma, a empresa ganha em tempo de busca e pode trabalhar com mais pedidos no mesmo período de tempo. Um exemplo disso é encontrado em uma loja de materiais de construção, os quais estão separados de acordo com o tipo: elétrico, hidráulico, acabamento etc.

PICKING POR LOTE – O responsável pelo *picking* aguarda um determinado número de pedidos, verifica os produtos e as quantidades comuns a todos os pedidos desse grupo formado e realiza a coleta de um lote de produtos para dividir entre todos os pedidos. Nesse caso, se compararmos com o modelo por zona, teremos mais pedidos sendo atendidos simultaneamente, o que gera uma vantagem. Mas há também a necessidade de um planejamento mais detalhado para que possa ser colocado em prática.

PICKING POR ONDA – O seu funcionamento é semelhante ao do *picking* discreto, a única diferença consiste na quantidade de pedidos. No caso do *picking* por onda, é determinado um número de pedidos a ser separado por turno. No *picking* discreto, não há essa delimitação.

Existem também situações que realizam uma mescla entre dois ou mais modelos de *picking*, de forma personalizada, customizada para a empresa. A empresa pode analisar cada uma dessas formas e verificar qual é a melhor para sua realidade ou até mesmo desenvolver um *mix* de cada uma para trabalhar de forma a proporcionar um melhor nível de serviço ao cliente.

Depois de decidida a forma de *picking* que a empresa adotará, é preciso que sejam verificadas as opções tecnológicas disponíveis (e as que a empresa tem condições de implementar). Temos hoje muitas tecnologias desenvolvidas para tal, e a cada dia surgem novas, mas podemos citar três que já estão em funcionamento nas empresas e que têm gerado resultados satisfatórios. São elas:

PICKING BY LIGHT – O operador é orientado por luzes para localizar os produtos que precisa buscar e colocar no pedido. Os locais onde estão os itens a serem coletados acendem uma luz de um painel com a quantidade de itens que devem ser selecionados. Por ser visual, é de fácil identificação para o operador e mais rápido do que a leitura em uma tela ou um papel. Além disso, proporciona maior segurança no que se refere a não deixar algum item fora do pedido. É utilizado para produtos pequenos e em empresas com um *mix* de produtos elevado.

PICKING INFORMATIZADO – Toda a operação está registrada em um sistema, que poderá utilizar códigos de barra ou até mesmo etiquetas com tecnologia RFID. Os operadores possuem leitores para buscar e registrar os itens coletados. Todo controle e acompanhamento é realizado pelo sistema, mas a busca de itens para a composição dos pedidos é realizada pelos operadores.

PICKING AUTOMATIZADO – Da mesma forma que o *picking* informatizado, esse também é realizado com base em sistemas, mas é operado por robôs, com mínima interferência humana.

Por fim, para a operacionalização dos modelos de *picking*, encontramos as situações em que as empresas realizam um pouco de cada um dos modelos. Para determinados pedidos, usam o *by light*; para outros, o informatizado; ou ainda os dois podem se complementar: separação de pedidos começa com um modelo e termina com outro. A composição dessas tecnologias disponíveis e a forma como as empresas as utilizarão serão exclusivas para cada uma delas. Há também outras formas de estruturar o *picking*, como *by voice*, em que o operador ouve e realiza a coleta conforme o que foi falado. Certamente outras estão em operação nas empresas. O que deve ser levado em consideração é a necessidade da empresa, as características do produto e as formas de operacionalização ideais no contexto.

5.3 Infraestrutura de armazenagem e *stage in/stage out*

Para que a demanda seja atendida de maneira satisfatória, é fundamental que o produto seja entregue em condições normais para o cliente final. Todas as etapas que seguem após a finalização da produção devem ser realizadas para permitir isso. Quais seriam essas etapas? Transportes, armazenagem e movimentação.

O transporte e a movimentação serão detalhados no item de unitização de cargas e embalagem, até porque o uso adequado de embalagens é fundamental para que essas duas atividades tenham êxito.

Agora, vamos abordar a infraestrutura do armazém e os locais de *stage in* e *stage out*, entendendo como se comportam para o atendimento da demanda.

"O processo de armazenagem ocorre quando algo é guardado para uso ou transporte futuro. Corresponde a retirar o produto da zona de recebimento, que podem ser, por exemplo, docas ou plataformas, e transferi-lo para local apropriado, mantendo-o ali até que seja demandado" (Bertaglia, 2009, p. 184).

Primeiramente, é preciso que a empresa defina quais são as características que um armazém deve apresentar para manter o produto em condições perfeitas. Precisa de climatização? Pode ser ao ar livre? É necessário controle de umidade? Controle de vibração? Dentre muitas outras perguntas. Cada produto terá uma composição para seu próprio armazém.

Essas perguntas só podem ser respondidas com o conhecimento do produto e de quais características externas interferem em sua *performance*. Com essas informações, será possível planejar o armazém.

Importante!

Apenas com um bom planejamento, acompanhamento e controle das operações é que um armazém poderá realizar suas atividades de forma eficaz.

Há diferentes tipos de armazéns para diferentes situações, conforme pode ser acompanhado pela Quadro 5.1.

Quadro 5.1 Tipos de armazém

Tipos de armazém	Características
I. Almoxarifado de matérias-primas	Armazena todos os materiais antes do processo de transformação da indústria. Quando forem líquidos ou gases, exigem uma estrutura específica.
II. Almoxarifado de materiais auxiliares	Armazena itens que estão relacionados com a produção e sofrem desgaste, como ferramentas, moldes e instrumentos.
III. Almoxarifado intermediário ou de semiacabados	Representa grande impacto no custo de produção e normalmente está situado entre um posto de produção e outro. Composto por produtos em processo de fabricação.
IV. Almoxarifado de manutenção	Armazena componentes e peças para manutenção das máquinas, equipamentos e instalações.
V. Almoxarifado de produtos acabados	Estoca os produtos finais da empresa, embalados e prontos para a entrega aos clientes.

Fonte: Elaborado com base em Russo, 2013, p. 26-28.

Filosofias como o JIT procuram minimizar todos esses tipos de estoques, sempre trabalhando com o mínimo necessário para atender à necessidade e à expectativa do cliente final. Ballou (2012, p. 226) explica:

> A ideia de *just in time* é suprir produtos para linha de produção, depósito ou cliente apenas quando eles são necessários. Se as necessidades de material ou produtos e os tempos de ressuprimento são conhecidos com certeza, pode-se evitar o uso de estoques. Os lotes são pedidos apenas nas quantidades suficientes para atender o consumo com antecedência de apenas um tempo de ressuprimento.

Saber quais são os tempos de ressuprimento com certeza se caracteriza como o grande desafio da filosofia e sua dificuldade. Por este motivo, a grande maioria das empresas ainda opera com a existência de armazéns.

Essa classificação pode variar de empresa para empresa, já que o produto final de uma pode ser a matéria-prima de outra, principalmente ao analisarmos a cadeia de suprimentos como um todo.

Ainda falando sobre os tipos de armazém, Ballou (2006, p. 383) faz uma classificação muito importante com relação à exportação e à importação, que são os alfandegados.

Várias zonas de livre comércio se criaram, normalmente em áreas portuárias, a partir desse conceito. Essas áreas, delimitadas e cercadas, podem abrigar instalações de manufatura e armazenagem. Empresas internacionais são autorizadas a desembarcar produtos na zona de livre comércio, desenvolver ali pequenas operações de manufatura, estocar as mercadorias e só pagar as respectivas taxas de importação se os produtos forem comercializados no país fora dos limites da zona. Se os mesmos forem exportados para os mercados externos, não haverá pagamento de impostos.

Essa é uma opção de tipo de armazém exclusiva para as empresas que trabalham com exportação e importação.

Depois de definido o tipo de armazém que a empresa estará trabalhando e quais as características ele deve apresentar para manter íntegras as propriedades do produto, é preciso que a empresa defina as atividades e estruturas internas desse armazém.

IMPORTANTE!

Uma das atividades mais importantes diz respeito à movimentação dos produtos dentro do armazém. O ideal é que a empresa procure o menor número possível de idas e vindas dentro do armazém, otimizando os trajetos. É possível fazer uma analogia com a roteirização, mas em menor escala, pois estamos dentro de um galpão (na maioria dos casos). Mas a ideia é a mesma: menor tempo, menor gasto energético e alcance de eficiência no resultado correto.

Dois exemplos, um de organização que facilita a movimentação dentro do armazém e um que não facilita, podem ser observados na Figura 5.2.

Figura 5.2 Organizações do armazém

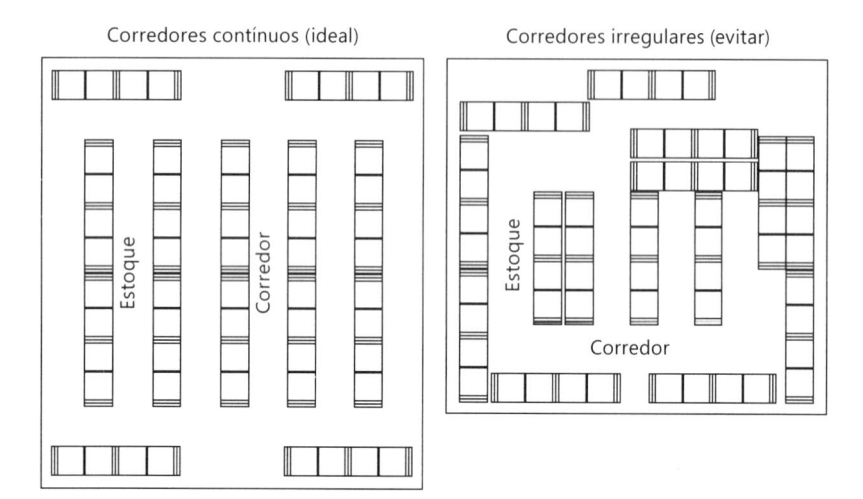

Corredores contínuos (ideal)

Corredores irregulares (evitar)

Estoque Corredor

Estoque

Corredor

Fonte: Moura, 1979, citado por Russo, 2013, p. 31.

Repare que o ideal é o ambiente que possibilita uma circulação facilitada, sem obstáculos no caminho. Essa circulação é também mais ágil que a com corredores irregulares.

Além de locais para guardar os materiais, é importante a escolha do equipamento correto para realizar a movimentação dentro do armazém. Temos como opções: equipamentos manuais, equipamentos mistos e equipamentos inteiramente mecanizados. Cada um deles apresenta suas próprias características e indicações:

1. **EQUIPAMENTOS MANUAIS** – Dependem do operador e de suas habilidades, mas são mais baratos se comparados com as outras opções.

   Equipamentos manuais de manuseio de materiais, como os carrinhos de duas rodas e as paleteiras de quatro rodas, proporcionam um certo grau de vantagem mecânica na movimentação dos artigos e requerem tão-somente um modesto investimento. [...] No entanto, a utilização desses equipamentos é, de certa forma, limitada em função da capacidade física dos operadores. (Ballou, 2006, p. 389)

2. **EQUIPAMENTOS MISTOS** – Comparados aos equipamentos manuais, os mistos são mais eficientes, por utilizarem equipamentos elétricos e facilitarem

as atividades dos operadores. Exigem um investimento um pouco maior que os equipamentos manuais, por possuírem tecnologia.

Aumenta-se a rapidez e a eficiência do manuseio de materiais e o rendimento por hora trabalhada com utilização de equipamentos mistos. Entre eles, incluem-se guindastes, *trucks* industriais, elevadores e guinchos; no entanto, o "cavalo de batalha" da indústria é a empilhadeiras mecânica e suas variações. (Ballou, 2006, p. 389)

3. **EQUIPAMENTOS INTEIRAMENTE MECANIZADOS** – Aqui encontramos os robôs, a inteligência artificial, o uso de etiquetas com RFID, entre outras tecnologias. Se comparados com os demais modelos, exigem um investimento maior, sendo necessário um projeto específico para cada empresa. Em contrapartida, apresentam maior eficiência que os demais, assim como rapidez. "Com equipamento de manuseio controlado por computador, códigos de barras e tecnologia de escaneamento, já existem sistemas de manuseio de materiais que chegam perto da automação integral" (Ballou, 2006, p. 390).

Além da escolha dos equipamentos de manutenção, nos armazéns, independentemente do tipo ou do produto que estará trabalhando, é preciso que haja uma área para a separação dos produtos que entram e outra para os produtos que saem. Essas áreas são denominadas *stage in* e *stage out*.

Tratam-se de áreas que ficam localizadas próximas das portas de entrada e de saída do armazém, onde as atividades de consolidação e desconsolidação da mercadoria são realizadas, juntamente com os registros e a emissão dos documentos necessários.

Por **consolidação de carga**, segundo o *Dicionário de logística on-line do Imam* (2018), entendemos o "Agrupamento de várias pequenas remessas numa unidade maior, para facilitar o manuseio e reduzir taxas. Combinação de pequenas expedições para obter taxas de frete reduzidas em função de um volume maior"; enquanto a desconsolidação é o "inverso de consolidação" (Imam, 2018).

Muitas vezes, a consolidação de mercadorias é realizada para o encaminhamento destas para um varejista ou até mesmo para chegar a um centro de distribuição. O modal utilizado para o transporte é otimizado, já que são levados lotes maiores e sua capacidade de transporte é mais bem aproveitada.

Já a **desconsolidação** – ou, às vezes, fracionamento – ocorre no momento em que haverá a divisão desse lote maior. Dentro de um armazém, no momento em que um pedido está sendo separado, podemos identificar duas situações de consolidação de carga e uma de desconsolidação.

A primeira de consolidação se dá na fábrica, quando os lotes são criados para serem encaminhados ao armazém. Quando os produtos chegam ao armazém, vindos da fábrica, são desconsolidados e estocados. Assim que o pedido entra no sistema e precisa ser separado para entrega, uma nova consolidação é realizada, juntando em uma única caixa todos os itens que foram vendidos.

A Figura 5.3 mostra um exemplo com frutas.

Figura 5.3 Consolidação e desconsolidação de mercadorias em um armazém

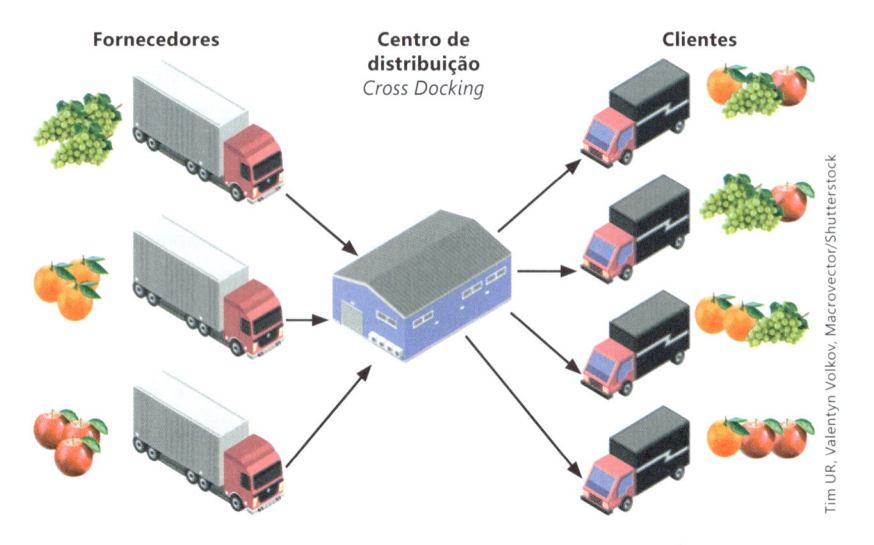

Fonte: Rexperts, 2015.

Considere que os caminhões chegaram com as maçãs, laranjas e uvas, foram desconsolidados e armazenados até a entrada do pedido. Foram feitas quatro solicitações diferentes para serem consolidadas em lotes menores que os que chegaram. Percebemos, inclusive, que os veículos são menores.

- Pedido 1: uma fruta de cada.
- Pedido 2: duas uvas e uma maçã.
- Pedido 3: duas laranjas e uma uva.
- Pedido 4: uma laranja e duas maçãs.

Esse é um exemplo simplificado, mas de fácil visualização. A mesma lógica se aplica aos pedidos de clientes em geral: cada um apresenta uma composição e uma necessidade. Está aí o desafio do armazém, ou centro de distribuição, para que todas as entregas sejam atendidas.

Número de itens disponíveis, volumes de entrega e número de clientes são fatores que entram como complicadores da operação. Contudo, as atividades são as mesmas, independentemente desses números. Existem situações hoje em dia, geradas pelo *e-commerce*, em que não há lojas físicas, apenas centros de distribuição, que atuam exatamente dessa maneira, com a diferença de receber a solicitação diretamente do cliente final, e não de um varejista.

5.4 Unitização e embalagens para transporte

Para atender a demanda, foram abordados neste capítulo alguns aspectos importantes no que se refere à entrega do pedido realizado pelo cliente: armazenagem do produto, realização do *picking*, separação e consolidação da carga para a entrega.

Para ter mais segurança e ganhar agilidade nesses processos, as empresas optam por unitizar as cargas a serem transportadas. Outra decisão relevante diz respeito à embalagem que será utilizada. Importa não apenas a embalagem do produto para o consumidor final, mas também a embalagem que será utilizada para o transporte.

5.4.1 Unitização

Temos duas definições complementares para unitização de cargas: a primeira, de Bertaglia (2009, p. 308-309):

> O conceito de unitização de carga, que consiste em agrupar peças ou conjuntos pequenos e/ou individuais em uma unidade maior, visando facilitar a movimentação e armazenagem, vem se intensificando cada vez mais, já que pode reduzir custos de distribuição dos produtos e proporcionar a integração das diversas modalidades de transporte. Os meios mais utilizados para efetuar a unitização de carga é o palete e o contêiner.

A segunda definição é de Ballou (2006, p. 386):

> O número de viagens relaciona-se diretamente com o tempo de trabalho necessário para movimentar os produtos, e também com o tempo que o equipamento de manuseio de materiais fica em serviço. A eficiência pode então ser melhorada mediante a consolidação de um número de volumes menores numa única carga e o consequente manuseio da carga consolidada. Isso é chamado de unitização de carga, sendo mais comumente realizado por meio da paletização e conteinerização.

Analisando essas duas definições, podemos chegar à conclusão de que a unitização de uma carga consiste em torná-la única, para facilitar o transporte e a armazenagem, ganhando agilidade e segurança, a fim de evitar perdas e roubos. Isso gera uma acurácia maior dos estoques, até porque perder uma unidade no processo de movimentação é mais fácil do que perder um palete inteiro.

Além do palete e do contêiner, temos outras formas de unitizar, apresentadas no Quadro 5.2.

Quadro 5.2 Formas de unitizar

Imagem	Nome	Características	Exemplo
	Palete	Pode ser de madeira ou plástico. As caixas são colocadas sobre ele e muitas vezes envolvidas por um *stretch* para unitizar. São as próprias caixas que estabelecem altura e peso máximos. Precisa ser movimentado por empilhadeiras ou paleteiras.	Grande variedade de produtos que podem ser acondicionados em caixas, como alimentos, higiene pessoal, latas etc.
	Contêiner	Pode ser usado em vários modais, tem um padrão internacional e diversos modelos que se enquadram em diversas mercadorias.	Grande variedade: de móveis até carros, passando por pisos cerâmicos, equipamentos, alimentos, matérias-primas etc.

(continua)

(Quadro 5.2 – conclusão)

Imagem	Nome	Características	Exemplo
	Pré-lingagem	Presas por fios de *nylon* ou corda para ser erguido por um guindaste.	Mercadoria a granel, acondicionada em sacos ou *big bags*.
	Contenedor	Embalagens plásticas, com ou sem tampa para armazenar produtos miúdos. Às vezes, podem ser empilhados, outras vezes, precisam de uma estante para serem armazenados.	Peças pequenas, como: parafusos, rótulos, alfinetes, miçangas, roldanas etc.

Konstantin Faraktinore, Koya979, Mr. Amarin Jinathun e Roma Borman/Shutterstock

Uma informação importante sobre a unitização: praticamente todos os tipos de produtos podem ser unitizados e há embalagens que permitem isso por apresentarem características específicas, exatamente como mostrado no Quadro 5.2.

O tamanho dessa carga unitizada varia de acordo com as características do produto, mas, de maneira geral, deve ser tão grande quanto possível, considerando as características do espaço de armazenagem, o modal que será utilizado e a embalagem. Dessa forma, a unitização é otimizada, contribuindo para a redução de custos logísticos.

É mais eficiente movimentar um palete contendo 24 caixas de uma única vez do que movimentar as caixas uma a uma. Podemos elencar várias vantagens para a unitização de cargas:

- redução de custos com mão de obra e facilidades ergonômicas;
- controle dos estoques;
- agilidade no manuseio;

- melhor aproveitamento de espaço de armazenagem;
- maior segurança, menor desperdício e menos extravios.

Podemos também identificar uma desvantagem: necessidade de investimento em infraestrutura e treinamento. Mas como as vantagens são perceptíveis e importantes para a empresa, esse investimento pode não ser considerado uma desvantagem propriamente dita, mas sim uma necessidade.

Para uma unitização eficiente, é preciso que a embalagem dos produtos seja adequada e bem planejada. A seguir, veja as principais características das embalagens e sua relação com a unitização.

5.4.2 Embalagem

Para a distribuição atender corretamente à demanda, tão importante quanto a unitização é a escolha de definição das embalagens dos produtos. Três aspectos são importantes na escolha das embalagens: "Primeiramente, ela serve para a promoção e uso do produto. Em segundo lugar, providencia proteção para o produto. Finalmente, serve como instrumento para aumentar a eficiência da distribuição" (Ballou, 2012, p. 195).

> **Importante!**
>
> O planejamento da embalagem é fundamental tanto para o *marketing* quanto para a logística. Para o *marketing* porque promove o produto e o torna atrativo ao cliente. Para a logística porque operacionaliza a entrega de forma eficiente.

A Figura 5.4 apresenta outras caracteristicas importantes da embalagem.

Figura 5.4 Embalagem para a distribuição

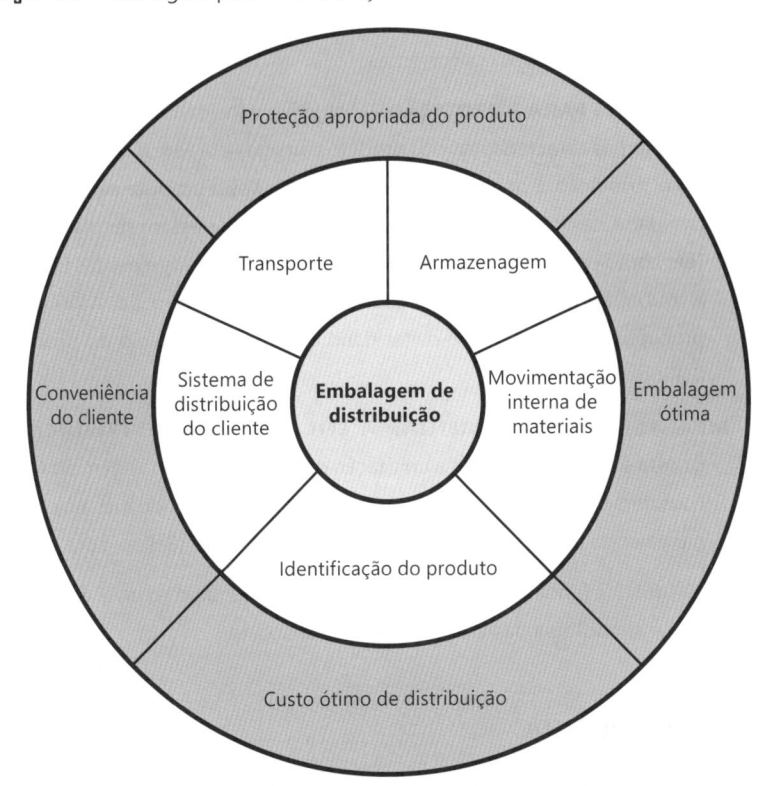

- Proteção apropriada do produto
- Transporte
- Armazenagem
- Conveniência do cliente
- Sistema de distribuição do cliente
- **Embalagem de distribuição**
- Movimentação interna de materiais
- Embalagem ótima
- Identificação do produto
- Custo ótimo de distribuição

Fonte: Ballou, 2012, p. 195.

Na Figura 5.4, pode-se ter uma ideia da complexidade que é o desenvolvimento de uma embalagem, pois envolve diversos aspectos. Aqui também se considera o conceito de melhoria contínua, já que as embalagens podem ser aprimoradas ao se detectar problemas durante o seu uso.

Ballou (2012) apresenta três tipos de embalagens: para o consumidor, para a proteção e para aumentar a eficiência da distribuição. Seguem as características de cada uma delas.

1. **EMBALAGENS PARA O CONSUMIDOR** – Estas são muito importantes para o *marketing*. Têm como característica "serem necessárias para proteger os produtos, mas os profissionais de *marketing* utilizam-nas vantajosamente

para promover os produtos" (Ballou, 2012, p. 196). Nelas, são incluídas informações sobre as características dos produtos, propaganda e destaques em relação aos concorrentes.

2. **EMBALAGENS PARA A PROTEÇÃO** – O objetivo principal destas embalagens é manter as características dos produtos intactas durante a armazenagem e a distribuição. É preciso saber a quais situações o produto será exposto (umidade, calor, impacto) para que as embalagens possam ser planejadas. Têm como característica "diminuir a ocorrência de danos e perdas devidas a roubo, armazenagem em locais errados ou deterioração. A principal procupação da logística é evitar dano durante o manuseio do produto" (Ballou, 2012, p. 196).

3. **EMBALAGEM PARA AUMENTAR A EFICIÊNCIA DA DISTRIBUIÇÃO** – É nesta situação que temos a unitização das cargas. "A embalagem pode ser considerada como o invólucro externo do produto, ou pode mesmo combinar diversas embalagens menores num pacote maior" (Ballou, 2012, p. 197).

Um detalhe fundamental para que as entregas atendam ao nível de serviço ao cliente é a simbologia das embalagens de transporte.

5.4.3 SIMBOLOGIA

Além da carga estar bem embalada, de forma a preservar as características do produto, é preciso que essa embalagem esteja corretamente identificada. Isso serve para que o operador da mercadoria não precise abrir a caixa para saber o que contém e verifique como manuseá-la. Com a correta identificação externa, essas informações poderão ser repassadas sem a necessidade de abertura da caixa.

O uso desses símbolos é muito importante, pois eles são universais e compreendidos independentemente da linguagem do país de origem e/ou destino. Saber o que cada um significa e respeitar a indicação é fundamental para a manutenção das características dos produtos e o atendimento da demanda de forma satisfatória.

O Quadro 5.3 apresenta os principais símbolos utilizados atualmente. Muitos foram incluídos com tempo e estima-se que hoje existam cerca de 50 símbolos.

Quadro 5.3 Simbologia das embalagens

Símbolo	Orientação	Símbolo	Orientação
	Este lado para cima		Mercadoria pesada
	Qualquer lado para cima		Não manusear com guincho
	Não expor ao calor		Encaixar no lado da carga onde aparece a figura
	Não expor ao frio		Não agitar. Manusear com cuidado para não derramar
	Manusear com cuidado		Proibido armazernar próximo a alimentos
	Frágil		Não empilhar
	Empilhamento máximo		Não inclinar
	Uso de correntes apenas nos locais indicados		Manter em local seco
	Contém gás comprimido		

Anton Prohorov, Cool Vector Maker, sonsam/Shutterstock

O posicionamento dos símbolos na embalagem deve ser de fácil visualização e não podem estar sob etiquetas ou com chance de serem cobertos por elas. Já que a empresa não pode acompanhar fisicamente a carga em todo o momento da distribuição, é preciso confiar que os seus parceiros vão respeitar as informações para a manutenção das características dos produtos e o atendimento da demanda.

5.4.4 Carga perigosa

Temos uma classe de produtos que exige a execução da logística sem a possibilidade de erros ou problemas: as cargas perigosas. A Figura 5.5 apresenta a classificação das cargas perigosas e seus símbolos. A ideia aqui não é detalhar o processo de cada um, mas é importante que tenhamos em mente que, para cada classe de produtos, há normas, regras e até legislação que informa à logística como lidar com a mercadoria. Essas regras devem ser seguidas à risca.

> **Importante!**
>
> Também é preciso que o modal (caminhão, trem, duto etc.) esteja corretamente identificado como transportador de carga perigosa. Assim, os demais ao redor sabem o tipo de mercadoria que está sendo transportada e os riscos envolvidos.

Figura 5.5 Classificação de carga perigosa

Classe 1 Explosivos	1.4	1.5	1.6	
Classe 2 Gases	Subclasse 2.1 Gases inflamáveis	Subclasse 2.2 Gases não inflamáveis, não tóxicos		Subclasse 2.3 Gases tóxicos
Classe 3 Líquidos inflamáveis				
Classe 4	Subclasse 4.1 Sólidos inflamáveis	Subclasse 4.2 Substâncias sujeitas à combustão instantânea	Subclasses 4.3 Substâncias que em contato com a água emitem gases inflamáveis	

(continua)

(Figura 5.5 – conclusão)

Classe 5	**Subclasse 5.1** Substâncias oxidantes — **Subclasses 5.2** Peróxidos orgânicos
Classe 6	**Subclasse 6.1** Substâncias tóxicas — **Subclasse 6.2** Substâncias infecciosas
Classe 7 Materiais radioativos	Radioactive I, II, III, Fissile
Classe 8 Corrosivos	
Classe 9 Substâncias perigosas diversas	

Sonsam/Shutterstock

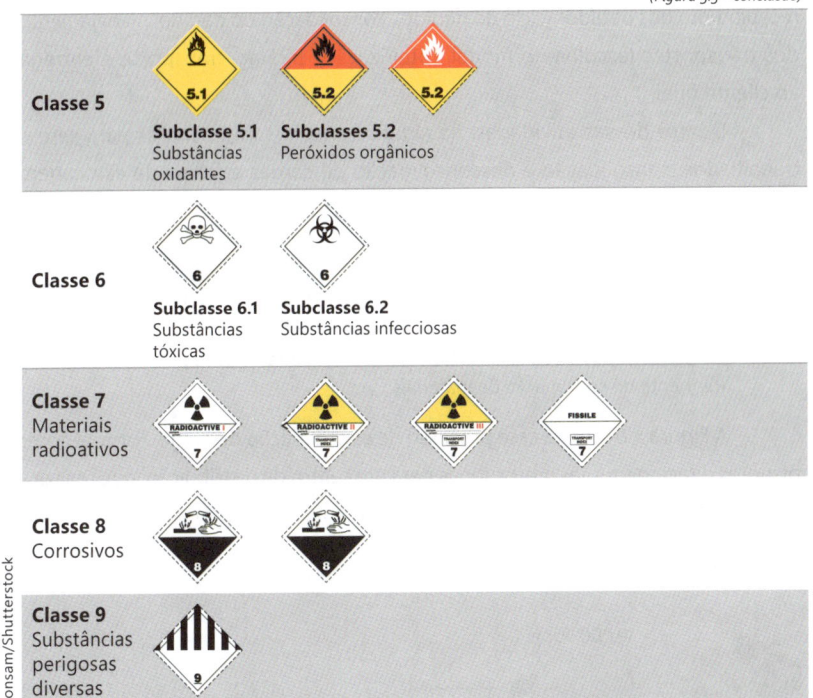

Fonte: Mega Multimodal, 2018.

Muitas vezes, para o transporte de carga perigosa, é preciso registro e vistoria dos bombeiros e/ou do Ibama (Instituto Brasileiro do Meio Ambiente e dos Recursos Naturais Renováveis). As pessoas envolvidas nesse processo de distribuição devem passar por um treinamento específico para trabalhar com essas mercadorias.

É comum se associar carga perigosa a explosivos ou combustíveis. Porém, existem muitas outras que oferecem riscos devido às suas propriedades químicas. Um exemplo é o gás carbônico (CO_2) usado nos refrigerantes – ele deve ser transportado seguindo todos os rigores que a carga perigosa exige.

5.5 Características do processo de expedição

Por fim, chegamos ao processo de expedição dos produtos. Esse processo engloba as atividades descritas neste capítulo e também ao longo do livro, como recebimento dos pedidos (ciclo do pedido), consolidação do pedido, planejamento dos transportes (escolha do modal, roteirização), *picking*, transporte e entrega ao cliente final.

Dentro dessas atividades, há alguns conceitos importantes para serem trabalhados: consolidação e desconsolidação de cargas e forma de estocagem dos materiais. Ballou (2012, p. 159) explica a **consolidação**:

> Se a mercadoria é originária de muitas fontes diferentes, a empresa pode economizar no transporte se as entregas forem feitas num armazém, onde as cargas são agregadas ou consolidadas e, então, transportadas num único carregamento até seu destino final. O armazém de consolidação final é mais frequente no suprimento de materiais.

A Figura 5.6 mostra esse processo de consolidação de carga. Fornecedores distintos direcionam suas mercadorias para um centro de distribuição, que realiza a consolidação e o *picking* para entregar ao cliente final, conforme pedido recebido.

Figura 5.6 Consolidação de carga

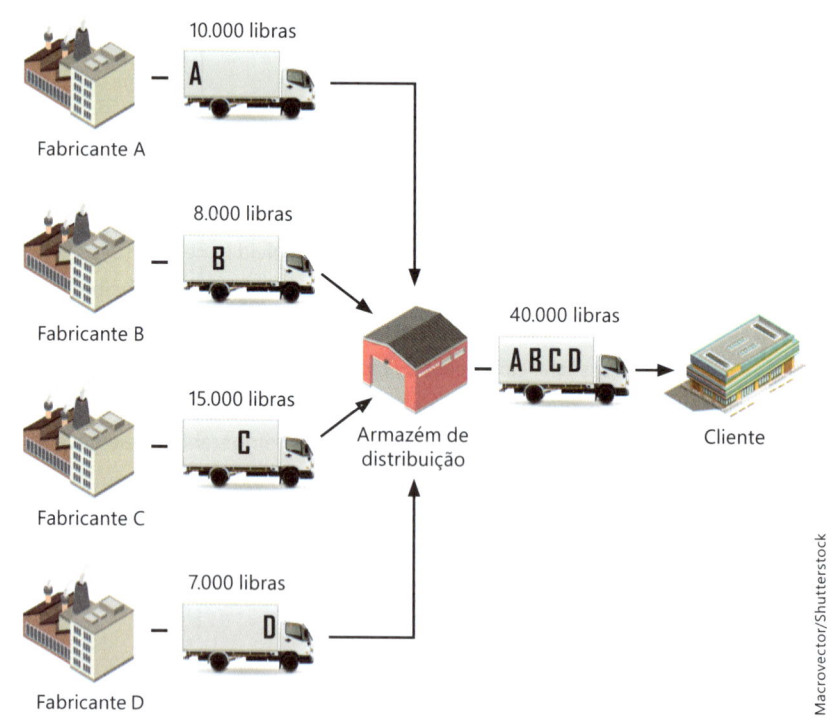

Fabricante A — 10.000 libras — A
Fabricante B — 8.000 libras — B
Fabricante C — 15.000 libras — C
Fabricante D — 7.000 libras — D
Armazém de distribuição — 40.000 libras — ABCD — Cliente

Fonte: Ballou, 2006, p. 376.

Já o processo de **desconsolidação** é o inverso.

Alguns métodos de estocagem podem ser também utilizados para o processo de expedição. Dentre eles, destacam-se o Lifo (*last in first out*), o Fifo (*first in first out*) e o Fefo (*first expire, first out*). Esses métodos podem ser utilizados nos estoques, para abastecer a produção, ou nos armazéns e centros de distribuição.

a. **LIFO (*LAST IN FIRST OUT*) OU UEPS (ÚLTIMO A ENTRAR, PRIMEIRO A SAIR)** – Os últimos produtos a serem estocados são os primeiros a sair. São exemplos o carregamento de um caminhão ou de um contêiner. Nesses casos, os primeiros materiais que são colocados no estoque são os últimos a sair. É fundamental que haja um planejamento de quais mercadorias precisam ser entregues primeiro combinado com a roteirização, para que não haja a necessidade de retirar tudo para localizar um único item. Se isso acontecer, o aumento no tempo de entrega é grande e os custos passam a ser maiores também. Apenas produtos cuja validade não precisa ser considerada podem ser armazenados dessa forma. Também é indicado para produtos em que a movimentação é mais difícil, como itens muito pesados ou grandes.

b. **FIFO (*FIRST IN FIRST OUT*) OU PEPS (PRIMEIRO A ENTRAR, PRIMEIRO A SAIR)** – Nesse caso, os primeiros produtos a serem recebidos são os primeiros a sair. Esse é um dos métodos mais comuns e mais utilizados pelas empresas em geral. Uma ordem cronológica é obedecida e a circulação é contínua e ordenada. A variedade de produtos que podem utilizar essa forma de armazenagem é muito grande e o processo de notas também é mais simples, facilitando os registros contábeis e financeiros.

c. **FEFO (*FIRST EXPIRE, FIRST OUT*)** – Produtos em que a validade é considerada, como medicamentos ou alimentos. A ordem de saída nos estoques é determinada pela validade.

A escolha de qualquer um desses métodos, ou até mesmo de um outro, é fundamental para que a expedição funcione. Outro ponto importante sobre a expedição é o *cross docking*, explicado por Russo (2013, p. 78-79):

> Atualmente, as organizações buscam reduzir e até mesmo eliminar etapas de estocagem em seus sistemas logísticos. É o caso, por exemplo, das operações de *cross docking*, nas quais os produtos são transferidos do modal

transportador em que chegam diretamente para o modal transportador em que saem, eliminado uma etapa de estocagem. Mas os armazéns, ou almoxarifados, continuam existindo. É como se desafiassem o crescente avanço da logística e da engenharia da produção.

Quando a empresa opera pelo *cross docking*, a logística é considerada ao extremo, pois os prazos passam a ser mínimos para a realização de todas as atividades relacionadas ao atendimento dos pedidos recebidos.

Síntese

Ao longo deste capítulo, demonstramos como atender às diferentes demandas geradas pelo ciclo do pedido. Para isso, descrevemos os processos do ciclo do pedido, as relações com os diferentes canais de distribuição e os modos como as empresas podem trabalhar com eles. Também explicamos o conceito de *picking* para a logística e listamos os modelos que podem ser utilizados.

Explicamos ainda como funciona a organização dentro de um armazém e quais são os aspectos importantes que devem ser considerados no seu planejamento, como as áreas de *stage in* e *stage out*.

Para que as operações de um armazém sejam eficientes, é fundamental a compreensão sobre a unitização de cargas e a importância das embalagens para o transporte, dois processos que detalhamos.

Por fim, descrevemos as características do processo de expedição, os métodos de controle de estoque e o *cross docking*.

Questões para revisão

1. O ciclo do pedido é uma sequência de eventos relacionados à aquisição de uma mercadoria ou serviço. Repete-se, mas não com o mesmo cliente. Ocorre da mesma forma com clientes diversos. Explique cada uma das principais etapas do ciclo do pedido.

2. A respeito dos modelos de *picking*, considere a tabela a seguir e faça a associação.

Modelo	Características
I. *Picking* discreto	( ) Dentro da área de *picking* são separadas áreas para cada tipo de item e a seleção ocorre de acordo com cada área. Há um operador por área.
II. *Picking* por zona	( ) Espera-se chegar a um determinado número de pedidos para realizar o processo de *picking*.
III. *Picking* por lote	( ) Os produtos são escolhidos um a um por um operador e são preparados os pedidos de forma individual.
IV. *Picking* por onda	( ) Similar ao *picking* discreto, mas com um determinado número de pedidos.

Selecione a alternativa que apresenta a sequência correta:

a) III, II, IV, I.
b) I, II, III, IV.
c) IV, III, I, II.
d) II, III, I, IV.
e) II, IV, I, III.

3. A respeito dos tipos de armazém, analise as descrições a seguir e assinale a alternativa que apresenta corretamente os armazéns descritos.
   ( ) Armazena todos os materiais antes do processo de transformação da indústria. Quando forem líquidos ou gases, exigem uma estrutura específica.
   ( ) Representa grande impacto no custo de produção e normalmente está situado entre um posto de produção e outro. Composto por produtos em processo de fabricação.
   ( ) Armazena componentes e peças para manutenção das máquinas, equipamentos e instalações.
   a) Almoxarifado de matérias-primas; almoxarifado intermediário ou de semiacabados; almoxarifado de manutenção.
   b) Almoxarifado de matérias-primas; almoxarifado de materiais auxiliares; almoxarifado intermediário ou de semiacabados.
   c) Almoxarifado intermediário ou de semiacabados; almoxarifado de manutenção; almoxarifado de produtos acabados.
   d) Almoxarifado intermediário ou de semiacabados; almoxarifado de manutenção; almoxarifado de matérias-primas.
   e) Almoxarifado de materiais auxiliares; almoxarifado intermediário ou de semiacabados; almoxarifado de manutenção.

4. A unitização de cargas é um processo fundamental para que a logística funcione, principalmente se houver multimodalidade. Descreva as principais vantagens de se realizar a unitização.

5. A embalagem é importante tanto para o *marketing* quanto para a logística. Descreva de que forma a escolha da embalagem pode determinar um bom nível de serviço ao cliente.

Questões para reflexão

1. Explique por que o processo de *cross docking* não elimina a necessidade dos armazéns e centros de distribuição de uma cadeia de suprimentos.

2. Há várias formas de se realizar a unitização de cargas. Dentre as mais utilizadas encontramos o palete e o contêiner. Ambos apresentam uma capacidade específica de carga. Explique de que forma a embalagem interfere na capacidade de movimentação de cada um dos dois.

3. A tecnologia está diretamente relacionada à eficiência do processo de *picking*. Explique de que maneira ela pode ajudar e reflita sobre como as pessoas podem ser suprimidas desse processo. É importante justificar.

Para saber mais

Indicamos a seguir quatro vídeos para que você possa visualizar maneiras inovadoras que as empresas estão utilizando para lidar com os pedidos dos clientes.

O primeiro exemplo é o da Biblioteca Pública de Nova Iorque, em que o sistema de entrega de livros foi automatizado: um trem elétrico percorre trilhos que conectam o acervo subterrâneo da biblioteca à área de atendimento aos leitores, entregando os volumes com agilidade e sem fazer barulho.

NEW YORK PUBLIC LIBRARY Delivers Books on a Train. Disponível em: <https://www.youtube.com/watch?v=u2zhz1GcK-E&feature=youtu.be>. Acesso em: 18 maio 2018.

O próximo vídeo, uma reportagem do Jornal da Globo, refere-se ao modelo de *picking* utilizado pela FedEx, uma das maiores empresas de logística dos Estados Unidos. No Brasil, o exemplo usado pela matéria é o da empresa de cosméticos Avon.

CONHEÇA a tecnologia usada na entrega de encomendas. Disponível em: <https://www.youtube.com/watch?v=Pv-oC4NxhUk>. Acesso em: 18 maio 2018.

O vídeo a seguir é sobre separação e preparação de pedidos por luz:

SEPARAÇÃO de pedidos por luz – SSI Schaefer (Pick-by-light). Disponível em: <https://www.youtube.com/watch?v=jKeB9GvwiAs>. Acesso em: 22 maio 2018.

O exemplo a seguir mostra um centro de distribuição da Amazon, a gigante varejista da internet:

CONHEÇA o incrível centro de distribuição robotizado da Amazon! Disponível em: <https://www.youtube.com/watch?v=DbabXjEhDBs>. Acesso em: 18 maio 2018.

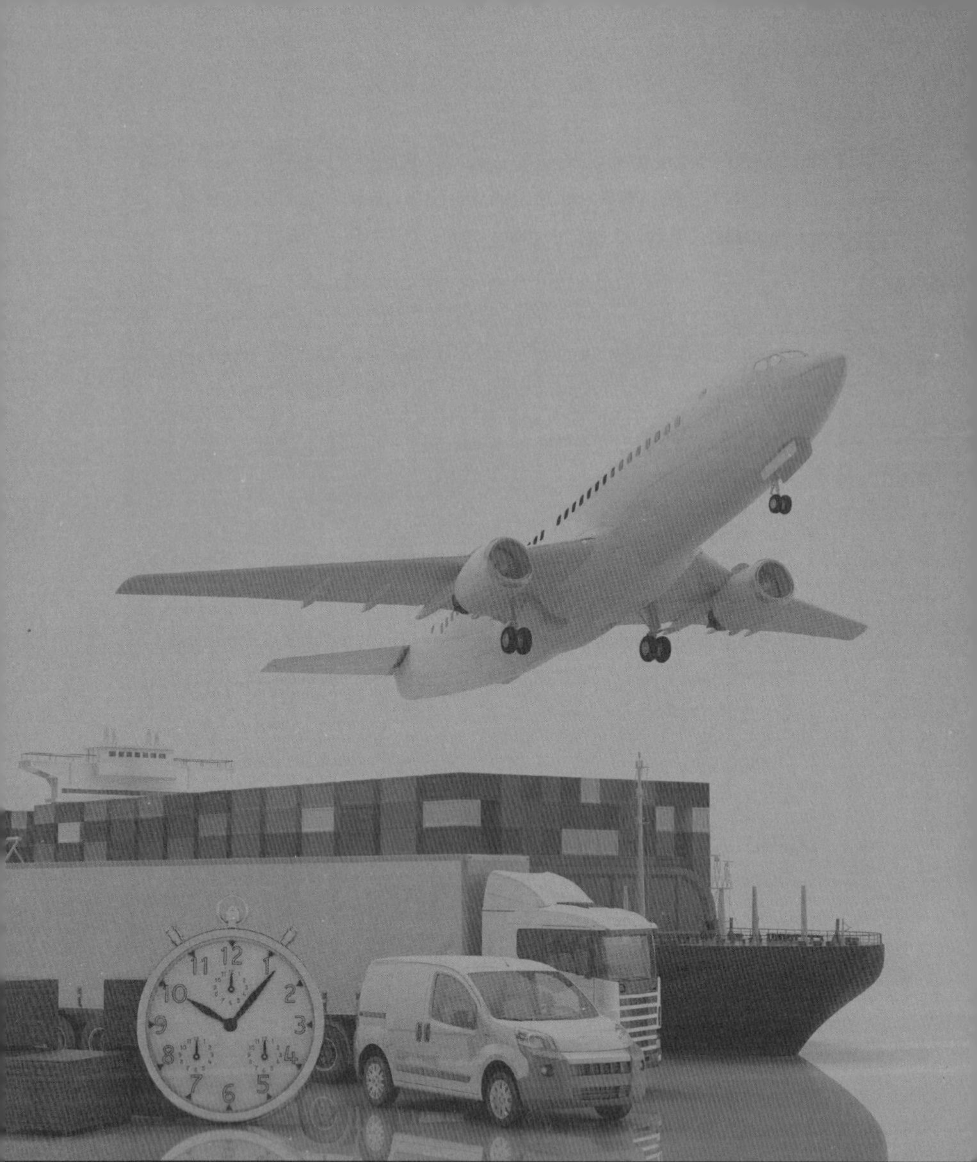

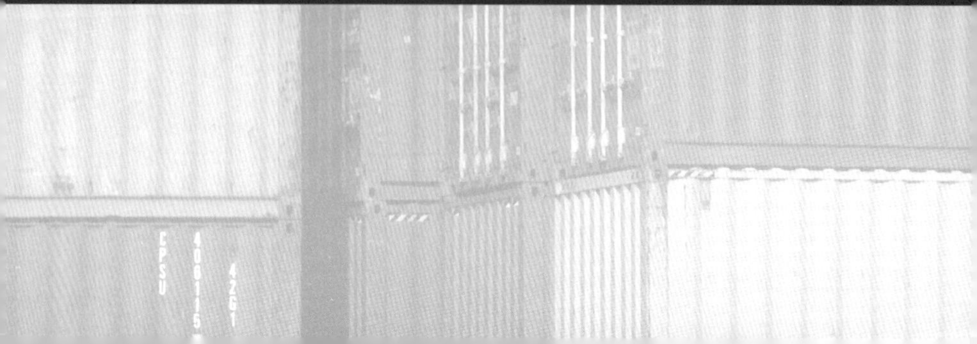

6

KPIs E SISTEMAS DE MEDIÇÃO NOS PROCESSOS DE DISTRIBUIÇÃO

Conteúdos do capítulo:

- Nível de serviço e indicadores-chave de desempenho e distribuição.
- Avaliação dos processos de distribuição.
- Obtenção de informações e planos de ação.
- Melhoria contínua aplicada à distribuição logística.
- Tendências na distribuição.

Após o estudo deste capítulo, você será capaz de:

1. saber como medir a *performance* do nível de serviço nos processos de distribuição e como adaptar os respectivos indicadores;
2. identificar os processos que devem ser avaliados para atender as estratégias da organização;
3. obter informações dos processos de distribuição, estratificá-las e analisá-las para posterior elaboração de planos de ação;
4. perceber como as técnicas para melhoria contínua podem ser aplicadas à distribuição logística;
5. analisar cenários futuros do ambiente de distribuição.

COM BASE no conteúdo apresentado até aqui, é possível ver os canais de distribuição por meio de uma perspectiva holística. Vivemos numa sociedade de consumo, com clientes à procura de produtos e, consequentemente, com produtos a serem distribuídos. Seguindo essa perspectiva, os canais de distribuição sempre existirão.

Especialistas de *marketing* e logística dizem que, algumas vezes, é mais fácil vender o produto do que fazê-lo chegar às mãos do consumidor. Nesse contexto, como saber se o cliente ou consumidor final está satisfeito com o serviço prestado? O termo *serviço* engloba algo intangível que, muitas vezes, é negligenciado no que diz respeito às medições dos processos.

Muitas empresas utilizam apenas indicadores de desempenho do tipo "satisfação do cliente". Ainda que seja essencial, esse tipo não apresenta uma natureza predominantemente preventiva, uma vez que os possíveis erros já chegaram ao consumidor, que tem a liberdade de não mais adquirir produtos de uma determinada empresa em função de algum tipo de insatisfação. O questionamento que se faz é: Posso ou não posso utilizar esse tipo de indicador? Não só pode como deve utilizá-lo, porém em conjunto com outros indicadores que auxiliem na melhoria do nível de serviço ao cliente.

Conhecer os processos envolvidos na distribuição e avaliá-los no sentido de que suas saídas influenciem diretamente as estratégias da organização é papel fundamental do gestor da área de logística. Daí surgem dois termos fundamentais: *dados* e *informações*. Por isso, há a necessidade de se obter dados precisos e confiáveis, que suportem a geração de informações robustas para a elaboração de indicadores de desempenho que agreguem valor ao cliente e suportem planos de ação para melhoria contínua dos níveis de serviço.

Por falar em *melhoria contínua*, vale salientar que esse termo é muito utilizado na manufatura e que agora tem alcançado relevância também na área de serviços. Trata-se da tradução clássica do termo japonês *kaizen*, fundamental para os processos de serviços dos canais de distribuição.

Os canais de distribuição não estão atrelados apenas aos canais existentes hoje, pois, como a tecnologia vem alterando substancialmente os hábitos e as práticas de consumo da população, com certeza irá alterar a forma como os produtos serão distribuídos. Como será daqui a alguns anos? Hoje, temos o *e-commerce* como canal de grande propulsão de vendas, que tem se mostrado imbatível em alguns aspectos.

Mas o que há de novo em termos de canais de distribuição? As empresas devem viver seu presente, que é o dia a dia da manufatura, dos centros de distribuição, dos pontos de varejo e *e-commerce*, medindo e controlando os processos constantemente para obter um nível de serviço de excelência. Porém, isso precisa ser feito com os olhos voltados para o futuro. O que será que vem pela frente no campo da distribuição? É justamente esse assunto que será debatido no último tema deste livro.

Antes, vale a pena refletir sobre uma frase atribuída a William Edwards Deming (1900-1993), estatístico, professor universitário e escritor americano. Ele foi responsável pelo desenvolvimento de trabalhos para melhoria da qualidade de produtos e processos realizados no Japão após a Segunda Guerra Mundial, o que alavancou a economia do país.

Deming tinha uma preocupação constante com as medições dos processos e com sua importância para a qualidade de forma geral. É dele a seguinte frase:

> "Não se gerencia o que não se mede; não se mede o que não se define; não se define o que não se entende; não há sucesso no que não se gerencia" (William Edwards Deming).

6.1 Nível de serviço e indicadores-chave de desempenho e distribuição

O primeiro capítulo desta obra apresentou o conceito de **nível de serviço ao cliente**. Agora, a ideia é avançar um pouco mais e descobrir como medir o nível de serviço de um processo logístico de distribuição.

Em resumo, para usar as palavras de Deming, pode-se afirmar que "não se gerencia aquilo que não se mede". Quando falamos em *medir* um determinado processo, estamos falando no posicionamento real de um processo em relação a um indicador qualquer. Podemos utilizar um exemplo muito simples: a meta de controle da temperatura do corpo humano é mantê-la na faixa dos 36 °C. Em caso de alguma anomalia que cause um aumento dessa temperatura, ações para controle e monitoramento (verificação a cada uma hora, por exemplo) devem ser realizadas levando-se em conta o indicador de temperatura, que prevê a "meta" de, no máximo, 37 °C.

Importante!

Indicadores são instrumentos de gestão essenciais nas atividades de monitoramento e avaliação das organizações, assim como seus projetos, programas e políticas. Eles permitem acompanhar o alcance das metas, identificar avanços e melhorias de qualidade, corrigir problemas, prever necessidades de mudança etc.

Nessa situação, o foco é na distribuição física. Ou seja, os canais por onde os produtos irão chegar aos clientes e consumidores finais já estão definidos e operando; além disso, todas as decisões quanto às localizações de armazéns e aos tipos de modais, roteirizações, embalagens, entre outras, já foram tomadas.

Quais serão os efeitos dessas decisões sobre os clientes? O que efetivamente devemos medir para atender aos clientes e às estratégias da organização? Como parte da logística, a distribuição física tem o objetivo de assegurar a eficiência da movimentação dos produtos acabados do fim da linha de produção até o consumidor final. Essas atividades incluem fretamento do transporte, armazenagem e movimentação de materiais, empacotamento de proteção e controle de estoque (Ballou, 2006).

Então, seria apenas reunir as principais atividades na distribuição física e elaborar indicadores para cada uma delas, correto? Para Ballou (2006), a definição do nível de serviço oferecido ao cliente será particular a cada empresa e cliente, podendo envolver agilidade na entrega, reposição de estoque, disponibilidade de serviços de embalagem, entre outros.

Bertaglia (2009, p. 29) pontua que as grandes organizações procuram reduzir o tempo ao longo da cadeia logística, a fim de obter uma resposta mais efetiva às necessidades do consumidor, o que faz surgir a necessidade de uma logística integrada.

Como não há uma receita de bolo que sirva para todas as empresas, admitimos que os indicadores devem, sim, ter como foco o cliente. Contudo, indicadores também devem partir de um desdobramento das estratégias da empresa, pois, se não for assim, as estratégias traçadas não atingem seus objetivos e devem ser repensadas. Também consideramos que o gestor dos processos de distribuição deve ter discernimento quanto à quantidade de indicadores utilizados, pois, via de regra, quando se elabora uma grande quantidade de indicadores, haverá enorme dificuldade em administrá-los. Muitas vezes se descobre que vários deles não têm aderência com a estratégia da empresa e também não são orientados ao cliente.

Embora não haja uma receita para elaboração dos indicadores, algumas recomendações devem ser seguidas para que estes sejam eficazes quanto aos objetivos estabelecidos. Algumas dicas importantes dizem respeito aos seguintes itens:

- **Objetividade** – Ter uma forma simples e direta.
- **Clareza** – Ser de fácil compreensão.
- **Precisão** – Evitar duplicidade de informações.
- **Viabilidade** – Medir resultados, não intenções (algo mensurável).
- **Representatividade** – Ser estatisticamente representativos do universo analisado.
- **Visualização** – Permitir interpretação rápida (uso de gráficos, por exemplo).
- **Ajuste** – Ser adaptados à realidade do processo e da empresa.

- **Alcance** – Possibilitar análise das causas, não apenas dos efeitos.
- **Resultados** – Relatar fielmente o que está ocorrendo na organização.

Essas recomendações referem-se a qualquer tipo de indicador, porém, como estamos abordando o nível de serviço ao cliente de processos de distribuição, Bowersox e Closs (2008, p. 75) sugerem alguns exemplos de indicadores orientados à satisfação dos clientes, como:

- **índice de disponibilidade de produto;**
- **faltas de estoque;**
- **erros de expedição;**
- **entrega no prazo;**
- **pedidos pendentes;**
- **tempo de ciclo;**
- ***feedback* do cliente;**
- ***feedback* da equipe de vendas;**
- **pesquisas junto ao cliente.**

Em termos estratégicos, há a necessidade de se buscar alternativas para melhor satisfazer os clientes. Conforme Bowersox e Closs (2008, p. 71-80, grifo nosso), a determinação do serviço ao cliente deve ser suportada por três estratégias:

a) **prestação de serviço básico**: nível mínimo de serviços logísticos para criar e manter a lealdade de clientes, sendo voltado ao atendimento de todos os clientes sem exceção;

b) **atendimento de pedido perfeito**: nível de serviço básico executado sem erros ou zero defeito, ou seja, a um nível máximo de disponibilidade, de desempenho operacional e de confiabilidade, e que são prestados a clientes selecionados para adquirir e manter a posição de fornecedor preferencial;

c) **prestação de serviços de valor agregado**: atividades exclusivas ou específicas às necessidades da empresa cliente visando, para esta, a melhoria da eficiência e da eficácia nas suas operações e, para a empresa prestadora de serviço, a fidelidade do cliente.

De forma geral, a estratégia para prestação de serviço básico já seria, em tese, suficiente para atender ao cliente e manter sua lealdade. No entanto, o termo *básico* sempre sofrerá alterações em função das especificidades de cada cliente. As demais estratégias iriam se somar à primeira estratégia, como forma de agregar valor ao serviço prestado.

Para qualquer tipo de estratégia concebida, o grande desafio é transformá-la em práticas que resultem em ações. No Quadro 6.1, a seguir, estão resumidos alguns elementos para prestação de serviços básicos, baseados em Bowersox e Closs (2008), que podem auxiliar na elaboração de indicadores para distribuição física.

Quadro 6.1 Elementos do serviço básico e medidas de desempenho

Elementos do serviço básico	Medidas de desempenho
Disponibilidade	Frequência de falta de estoque
	Índice de disponibilidade
	Expedição de pedidos completos
Desempenho operacional	Velocidade
	Flexibilidade
	Consistência do ciclo de pedidos
	Falhas e recuperação
Confiabilidade	Devoluções
	Pedidos pendentes
	Recuperação de pedidos pendentes
	Entregas incompletas
	Reclamações por danos

Fonte: Elaborado com base em Bowersox; Closs, 2008, p. 71-83.

Todos os elementos apresentados no Quadro 6.1 têm sua importância na elaboração dos indicadores-chave de desempenho de distribuição, porém um deles tem se manifestado relevante na opinião dos clientes: a **confiabilidade**. Para Bowersox e Closs (2008, p. 74), em logística, *qualidade* é sinônimo de *confiabilidade*. Ainda segundo os autores, pesquisas indicam que a capacidade de uma empresa de fornecer informações precisas é uma das provas mais importantes da competência do serviço ao cliente, pois "os clientes consideram cada vez mais o fato de que as informações antecipadas sobre o conteúdo e a posição de um pedido são mais fundamentais do que o cumprimento do pedido completo, pois os mesmos detestam surpresas negativas".

Quando mencionamos a capacidade de prover informações precisas, estamos nos referindo à transmissão de dados, à comunicação. Embora não esteja contemplado com os elementos do serviço básico descritos no Quadro 6.1, deve-se ter um cuidado especial com esse elemento. Emerson e Grimm (1996, p. 34) descrevem quais as medidas de desempenho devem ser consideradas para o elemento do serviço básico de comunicação. É possível acompanhá-las no Quadro 6.2.

Quadro 6.2 Comunicação e medidas de desempenho

Elementos do serviço básico	Medidas de desempenho
Comunicação	Informação sobre a previsão da data de entrega dada no momento de colocação do pedido.
	Informação sobre disponibilidade de estoque no momento de colocação do pedido.
	Informação dada com antecedência sobre atrasos e cancelamentos.

Fonte: Elaborado com base em Emerson; Grimm, 1996, p. 34.

Ao estudarmos indicadores, não podemos deixar de mencionar o termo KPI (*key performance indicator*), que traduzido para o português significa "indicador-chave de desempenho". Trata-se de um termo genérico que pode ser aplicado a qualquer tipo de processo, porém, vamos nos concentrar nos processos de distribuição física e canal de distribuição. Seguem alguns KPIs importantes para a distribuição:

OTIF – Sigla em inglês de *on time in full*, que se refere ao processo de medir se todo o ciclo do pedido está sendo atendido no tempo combinado e se está completo. É um dos indicadores mais aceitos no meio logístico.

RUPTURA DE GÔNDOLA – É um indicador importante para quem gerencia o canal de distribuição, uma vez que afere o tempo em que o produto não fica disponível em prateleira para o consumidor final nos pontos de venda.

PRODUTIVIDADE – Segundo Moreira (1991), citado por Novaes (2004, p. 373), a produtividade de um sistema de produção (uma empresa, um setor da economia ou até mesmo uma nação) é definida como a relação entre o que foi produzido (ou movimentado) e os insumos utilizados para tal num intervalo de tempo. Um exemplo de aplicação na distribuição física seria, conforme Novaes (2004), o faturamento por m^2 de armazém.

> **IMPORTANTE!**
> A função de medir o desempenho dos processos de distribuição não é algo tão simples. A dificuldade está em escolher com cuidado os indicadores-chave a serem utilizados nos processos com base na perspectiva dos clientes e nas estratégias da organização.

6.2 AVALIAÇÃO E ANÁLISE DOS PROCESSOS DE DISTRIBUIÇÃO

Antes de dar início às análises dos processos de distribuição, vamos definir o que é um processo. Para Wildauer e Wildauer (2015, p. 21), *processo* é um conjunto finito, sequencial e ordenado de passos que devem ser executados para transformar um insumo (uma entrada) em algo útil (uma saída), válido, que atenda a especificações predefinidas (parâmetros, dimensões, prazos etc.).

Os processos de distribuição somados formam a grande maioria da composição dos custos logísticos. Só essa informação já é o suficiente para que os processos de distribuição – como recebimento, controle de estoque, transporte, classificação de fornecedores, armazenagem e atividades de processamento de pedidos – sejam avaliados com o cuidado que merecem.

No entanto, essa forma de abordagem dos serviços logísticos é algo recente. Para se ter uma ideia, nas décadas de 1970 e 1980, o serviço ao cliente era focado basicamente nas reclamações de clientes. Foi somente a partir do final da década de 1980 que o atendimento ao consumidor passou a ser visto como uma maneira de agregar valor ao cliente, com o objetivo de manter e expandir mercados pela antecipação e pela superação das expectativas dos clientes.

Com o processo de globalização chegando ao Brasil, a pressão para se prestar serviços logísticos de referência começou a preocupar as empresas nacionais. Isso se devia principalmente à função da entrada de empresas multinacionais, que já possuíam um serviço logístico mais aprimorado.

Se não bastasse esse evento da globalização, a internet chegou com toda a força, trazendo a reboque o comércio eletrônico (ou *e-commerce*) e uma nova modalidade de canal de distribuição. Mais uma vez, a logística e, nesse caso específico, a distribuição, tiveram de se adaptar rápido a um cenário em que a compra de um produto pelo cliente foi facilitada e a entrega passou a ser a restrição do sistema. Para garantir a eficácia desse sistema de distribuição, os processos tiveram de ser revistos e avaliados, no sentido de confirmar se as saídas estavam atendendo aos requisitos dos clientes. Para saber se as saídas dos processos eram eficazes, houve a necessidade de medi-los.

No início deste capítulo, destacamos alguns elementos do serviço básico e as respectivas medidas de desempenho. Vamos agora nos ater às características básicas de medição dos processos e também aos exemplos práticos de aplicação.

Na análise de processos, destacamos alguns elementos importantes para medição, que podem ser utilizados como ponto de partida para vários processos, entre eles, o de distribuição. Existem inúmeros elementos para medição de processos que podem ser obtidos na literatura acadêmica, no entanto, catalogamos alguns dos mais importantes, que servem de base para definição de outras formas de medição de desempenho e que se adequam aos sistemas de distribuição logística. Indicamos cada um deles a seguir, com um exemplo de aplicação.

CUSTO – Quanto menos custoso for um processo, maior será sua eficiência.

Quadro 6.3 Exemplo de indicador de custo

Conceito	Fórmula sugerida
Percentual do custo total de transporte em relação ao valor total das vendas.	$= \dfrac{\text{Custo total de transporte}}{\text{Total de vendas (\$)}} \times 100$

PRODUTIVIDADE – Mede a relação entre recursos utilizados e o que foi efetivamente produzido (entregue).

Quadro 6.4 Exemplo de indicador de produtividade

Conceito	Fórmula sugerida
Percentual do número total de funcionários pelo número de veículos carregados.	$= \dfrac{\text{N° total de funcionários}}{\text{N° veículos carregados}} \times 100$

QUALIDADE – Mede o nível de aceitação do produto ou serviço final de um processo pelo cliente. Sobretudo mede a eficácia de um processo.

Quadro 6.5 Exemplo de indicador de qualidade

Conceito	Fórmula sugerida
Percentual do número de pedidos entregues no prazo em relação ao número total de pedidos processados.	$= \dfrac{N^{o} \text{ pedidos entregues}}{N^{o} \text{ pedidos processados}} \times 100$

TEMPO – Determina a capacidade da empresa em entregar algo na velocidade pretendida.

Quadro 6.6 Exemplo de indicador de capacidade (tempo)

Conceito	Fórmula sugerida
Tempo médio da entrega em relação ao número total de pedidos (índice menor, melhor).	$= \dfrac{\text{Tempo médio de entrega}}{N^{o} \text{ pedidos processados}}$

VALOR AGREGADO – Análise de atividades contidas nos processos que agregam valor ao cliente (VA), atividades que não agregam valor, mas são necessárias (valor empresarial agregado – VEA) e atividades que não agregam valor e tampouco são necessárias (valor não agregado – VNA).

Um exemplo elementar é o caso da atividade de produzir, arquivar e controlar cópias físicas (em papel) de documentos logísticos que já foram digitalizados.

Em termos de agregação de valor, essa atividade se adapta ao que mostra o quadro 6.7.

Quadro 6.7 Agregação de valor

Valor agregado (V.A.)	Valor empresarial agregado (V.E.A.)	Valor não agregado (V.N.A.)
		X

Essa última análise foi inserida no sentido de alertar sobre atividades que não agregam valor, mas que são realizadas rotineiramente nas empresas e, algumas vezes, até mesmo são controladas por indicadores.

Vimos, portanto, que não há como se ter todos esses processos na distribuição física sem que ocorram medições. Os resultados dessas medições servirão para correção dos possíveis desvios ou para implantação de melhorias nos processos mediante planos de ações.

6.2.1 Obtenção de informações e planos de ação

Nessa etapa, já temos em mãos os dados dos indicadores de desempenho que mostram a situação dos processos avaliados e, de acordo com os resultados obtidos, orientam as ações que devem ser tomadas. Se um dos indicadores mostrar quebra na qualidade de entrega devido à avaria na carga, é necessário descobrir onde ocorreu esse problema e investigar qual foi a origem. Para se resolver problemas desse tipo, há metodologias específicas, como o PDCA[1] e o MASP[2] e as conhecidas ferramentas de qualidade. Para não nos alongarmos em uma análise mais criteriosa, vamos nos concentrar em duas ferramentas: uma delas para auxiliar na extração de informações e outra na elaboração de planos de ação.

Quando ocorre um problema dentro das organizações, é comum funcionários começarem a buscar os culpados pelo ocorrido, muitas vezes como forma de autodefesa. Também comum é buscarem soluções sem saber qual foi a causa do problema.

Importante!

Para se chegar à causa de um problema, uma das premissas é obter dados confiáveis e, para que se obtenha esses dados, primeiramente é necessário um processo de estratificação.

De acordo com Seleme e Stadler (2010, p. 67), *estratificação* é uma forma de realizar a separação de grupos em subgrupos específicos, a fim de possibilitar

---

[1] Metodologia para resolução de problemas baseada em planejar, fazer, checar e agir.
[2] Metodologia para solução de problemas.

a análise por segmentos menores, até que seja encontrada a causa raiz dos problemas apresentados. O exemplo na Figura 6.1 mostra de forma simples como chegar à localização exata de um problema de avaria em uma determinada carga. Considere que foram realizadas duas estratificações até se chegar à posição que originou o problema.

Figura 6.1 Exemplo de estratificação para identificação de defeito

```
                    Fabricante: MHS Ltda.
 1ª estratificação                              2ª estratificação

          Recebimento          Expedição

  Descarga   Armazenagem   Retirada do   Preparação
                            Armazém       (picking)
```

Fonte: Elaborado com base em Seleme; Stadler, 2010, p. 67.

A estratificação da Figura 6.1 revelou que o problema de avaria surgiu durante a preparação da carga (*picking*). A partir daí, é necessário se aprofundar nas investigações por meio da coleta de dados e informações.

Para se fazer a coleta de informações, faz-se o uso de uma das ferramentas da qualidade denominada *folha de verificação*. De acordo com Kume (1993), citado em Seleme e Stadler (2010), folhas de verificação são documentos utilizados para registrar as anotações, o que é feito de forma ordenada e já direcionada ao problema ou situação que queremos resolver.

Embora seja uma ferramenta relativamente simples, a precisão e a responsabilidade com que se coletam os dados são importantíssimas, pois é a partir dos dados coletados que se desenvolve todo o trabalho para resolução do problema.

Mostraremos, a seguir, três tipos de folhas de verificação:

1. para distribuição do processo de produção;
2. para item defeituoso;
3. para registro de reclamações de clientes.

Para utilização no ambiente de distribuição, vamos apresentar os dois últimos tipos: o "2" e o "3".

O exemplo apresentado no Quadro 6.8 refere-se à folha de verificação do tipo "2", relacionada à coleta de dados de ocorrências de defeitos em produtos em função de avarias no transporte. Suponha que essa transportadora recebeu algumas reclamações de clientes e iniciou uma investigação para encontrar os principais defeitos e, posteriormente, elaborar os planos de ação.

Quadro 6.8 Folha de verificação para avaria em transporte

FOLHA DE VERIFICAÇÃO		
Produto:	xxxxx	**Data:** 16/01/17
Período:	De agosto a dezembro de 2016	**Resp.:** José
Transportadora:	xxxxx	
Total entregue:	18.650	

Defeitos	Verificação	Nº de ocorrências
Amassado	☑☑☑☑⊔ ☑☑☑☑☑	48
Mancha	☑☑☑☑∟	22
Sujeira	☑☑☑∟	17
Risco	☑☑☑☑ ☑☑☑☑	40
	Total	**127**

O próximo exemplo, apresentado no Quadro 6.9, trata de uma folha de verificação para registro de reclamações de clientes (tipo "3"). Suponha que uma empresa esteja traçando o planejamento estratégico para o ano seguinte e precisa definir a meta a ser alcançada com base em um indicador para taxa de entrega. Para isso, coletou os dados demonstrados no Quadro 6.9. Com base nesses dados, devem ser executadas ações no sentido de melhorar a taxa de entrega.

Quadro 6.9 Folha de verificação para registro de reclamação do cliente

Folha de verificação		
Cliente	xxxxx	Data; 16/01/2017
Ano	2016	Resp. José
Transportadora	xxxxx	

Mês	Entregas	Entregas com atraso
Janeiro	2.800	36
Fevereiro	2.945	22
Março	3.302	19
Abril	3.120	28
Maio	3.250	22
Junho	3.428	15
Julho	3.222	35
Agosto	2.998	38
Setembro	3.050	21
Outubro	3.351	16
Novembro	3.128	12
Dezembro	2.892	11
Total	37.486	275

Quando se propõe o estabelecimento de metas, não há como atingi-las sem um plano de ações bem elaborado. Para atingir um objetivo, uma meta, é preciso agir e, exceto nos casos de urgência máxima, definir uma data para concluir. Para ir a qualquer lugar desconhecido, é necessário saber que caminho tomar ou ter um mapa. Para chegar a um objetivo, também é preciso orientação ou um plano de ação. A implantação de estratégias preestabelecidas em uma organização qualquer passa obrigatoriamente pelo plano de ação e não poderia ser diferente para os processos logísticos, especificamente para a distribuição. Em um mercado altamente competitivo, a falta de planejamento de ações e processos pode gerar inúmeros prejuízos.

Importante!

Plano de ação é um documento estruturado e utilizado para fazer o planejamento de trabalho necessário para se atingir um resultado desejado por meio da resolução de problemas, auxiliando na tomada de decisões rápidas e eficazes. Apesar de ser uma ferramenta fácil de aplicar, sua eficácia é incontestável.

Por ser uma ferramenta simples, existem inúmeras maneiras de se elaborar um plano de ação. No entanto, uma das mais completas, proveniente da gestão da qualidade, é a 5W2H. Trata-se de uma ferramenta administrativa e de gestão que pode ser utilizada em qualquer empresa, a fim de registrar de maneira estruturada e planejada como serão efetuadas as ações. É fundamentada em perguntas que evidenciem as falhas que podem impedir o alcance dos objetivos estabelecidos. Dentro das organizações, é comum ver a aplicação dessa técnica em áreas como qualidade, produção, gestão de projetos, planejamento estratégico etc. Porém, a percepção que se tem é de que a utilização na área logística não é tão intensa. Por esse motivo, vamos explorar um pouco essa ferramenta usando exemplos da área de distribuição logística.

Diferente de um plano de ação comum, o 5W2H tem uma caraterística de *checklist*. Os cinco *Ws* e os dois *Hs* correspondem a perguntas em inglês:

1. *What?* (O quê?)
   Pergunta a ser respondida: O que será feito?
   A resposta nada mais é do que o objetivo que se deseja alcançar. Serão realizadas melhorias na produção, aumento de vendas, redução no tempo de entrega etc.?
2. *Why?* (Por quê?)
   Pergunta a ser respondida: Por que isso será feito?
   Quais os motivos que justificam o que será feito? É para melhorar algo, resolver um problema ou o quê?
3. *Where?* (Onde?)
   Pergunta a ser respondida: Onde (em que local) será feito?

Muitos negligenciam essa parte da planilha 5W2H porque consideram que o local sempre será a empresa em si. No entanto, é importante detalhar o lugar onde será executada a ação (recebimento, expedição etc.).
4. *Who*? (Quem?)
Pergunta a ser respondida: Quem fará?
Com relação ao seu objetivo inicial (*what?*), quem irá te ajudar a alcançá-lo? Se para chegar aos objetivos é preciso a elaboração de diversos processos e ações, quem ficará responsável por cada ação? Designar o responsável por cada ação.
5. *When*? (Quando?)
Pergunta a ser respondida: Quando será feito?
Todo bom planejamento possui um prazo determinado para que o objetivo principal seja alcançado. Assim, nessa parte a resposta deve ser uma data para a execução da ação.
6. *How*? (Como?)
Pergunta a ser respondida: Como será feito?
Detalhe qual o processo que será feito para atingir o seu objetivo. Tente ser o mais específico possível.
7. *How much*? (Quanto?)
Pergunta a ser respondida: Quanto custará esse plano de ação?
Para facilitar a compreensão da ferramenta 5W2H, vamos utilizar um exemplo fictício.

Considere que uma empresa de prestação de serviços logísticos implantou um centro de distribuição para atender a uma demanda potencial em uma determinada região. Ao começar as operações, surgiram alguns problemas que estavam impactando nos indicadores de desempenho da empresa.

O primeiro deles é a lentidão excessiva no recebimento de materiais, causando filas enormes de caminhões, necessidade de horas extras para recebimento em alguns momentos e ociosidade em outros.

O segundo diz respeito a problemas no carregamento de caminhões na área de expedição, como: avaria de cargas devido à queda e ao afastamento de funcionários em função de acidentes de trabalho, entre outros.

Para solução desses problemas, formou-se um time de trabalho que levantou os dados necessários usando a folha de verificação e, após algumas reuniões, elaborou-se um plano de ação baseado na ferramenta 5W2H. O resultado é o que vemos no Quadro 5.10.

Quadro 6.10 Plano de ação 5W2H para centro de distribuição

	Revisão	0					
	Folha	1 de 1		Formulário plano de ação – 5H2W			
	Código	RCP-01					

ITEM	WHAT? (O que será feito?)	WHO? (Quem fará?)	WHY? (Por que isso será feito?)	WHERE? (Onde será feito?)	WHEN? (Quando será feito?)	HOW? (Como será feito?)	HOW MUCH? (Quanto custará?)
1	Alterar sistema de recebimentos de materiais.	Sr. Henrique.	Recebimento atual está desbalanceado, provocando filas em alguns dias e ociosidade em outros.	Setor de recebimento de materiais. Docas de expedição.	Até 20/08/2015.	Através da implantação de sistema de agendamento digital (on-line) com todos os fornecedores.	R$ 11.000,00 equivalentes à implantação do novo software (valor fictício).
2	Melhorar sistema de carregamento de caminhões.	Sr. José.	Desnivelamentos entre docas e caminhões têm causado avarias nos produtos e insegurança no processo de carregamento.	Docas de Expedição.	Até 21/09/2015.	Por intermédio de implantação de plataformas niveladoras de docas embutidas.	R$ 8.500,00 (valor fictício).

Embora haja outras ferramentas que podem ser exploradas para transformar as estratégias estabelecidas em algo realmente aplicável no processo logístico, as ferramentas aqui apresentadas já demonstraram de forma clara como é possível se obter resultados por meio de técnicas simples que propiciam uma estrutura necessária para um bom planejamento.

6.3 Melhoria contínua aplicada à distribuição logística

Nas últimas décadas, muito se fala sobre melhoria contínua, mas a aplicação dessa filosofia tem sido feita de forma equivocada em algumas empresas ocidentais, principalmente no Brasil. O que pode estar dando errado em relação a algo que inicialmente parece tão óbvio de se aplicar?

Com relação ao elemento *melhoria*, acreditamos que a maioria das organizações consiga entender o princípio e aplicá-lo. No entanto, quando se trata do componente *contínua*, as coisas desandam. Deixamos bem claro que isso não ocorre em todas as empresas, é claro. Mas, por experiência em várias companhias, vemos que ainda há muitas falhas nesse processo, que é essencial para o sucesso das organizações e, consequentemente, para os segmentos logísticos. Muitas vezes, melhorias que são aplicadas nos processos são abandonadas com o tempo, não surtindo o efeito esperado e desestimulando as pessoas a aderirem a essa filosofia.

Sim, estamos falando em *filosofia*, pois melhoria contínua é, antes de tudo, uma filosofia empresarial e também uma filosofia de vida. Como vimos anteriormente, *melhoria contínua* significa *kaizen* em japonês. Para Imai (2015, p. 9), a palavra *kaizen* implica em melhoria que envolve a todos (gerentes e trabalhadores) e envolve relativamente poucas despesas. Essa filosofia assume que seu estilo de vida (seja na vida profissional, seja social ou doméstica) deve ter o foco dos esforços na melhoria contínua. Esse conceito é natural para os japoneses. Ainda segundo o autor, o *kaizen* contribuiu muito para o sucesso competitivo do Japão (Imai, 2015).

Quando não se cria um movimento contínuo, não há como manter as melhorias implantadas. O Gráfico 6.1 faz uma comparação entre o que ocorre quando se opta pela melhoria contínua (sustentável) ou por melhorias pontuais (inconsistentes) sem os cuidados com a manutenibilidade destas.

Gráfico 6.1 Comparação entre melhorias inconsistentes e melhorias contínuas

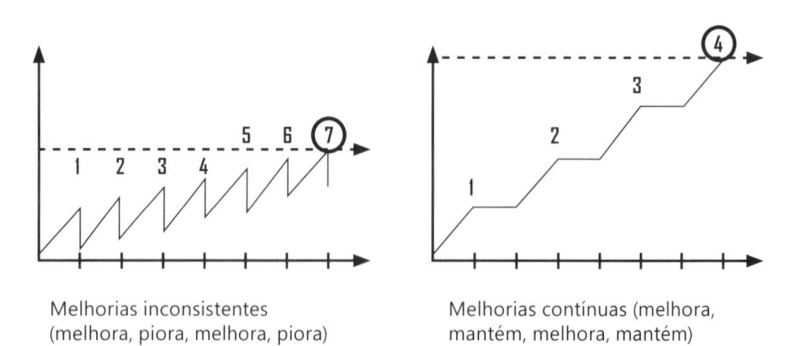

Melhorias inconsistentes
(melhora, piora, melhora, piora)

Melhorias contínuas (melhora, mantém, melhora, mantém)

Nos sistemas de distribuição logística, há muito o que se fazer em termos de melhoria contínua (ou *kaizen*), como nas atividades de processamento de pedidos, transporte, gestão de estoques, armazenamento, para citar algumas. Não somos contra a inovação nos processos, pelo contrário, temos a consciência de que, sem a inovação, as empresas não serão competitivas. Todavia, é bom que se diga que uma inovação normalmente requer alto investimento em função de alterações tecnológicas, enquanto a melhoria contínua parte do pressuposto da implementação de melhorias pequenas e incrementais, utilizando-se de poucos recursos.

Embora essa filosofia de trabalho tenha apresentado e ainda apresente muito sucesso nas empresas japonesas, ela não é mais exclusividade dos orientais, pois várias empresas brasileiras têm aderido aos princípios do *kaizen* e se tornado mais produtivas em todos os aspectos.

Imai (2015) apresenta alguns conceitos básicos necessários à concretização da estratégia de *kaizen*, descritos a seguir.

KAIZEN E GERÊNCIA

No contexto de *kaizen*, a gerência deve desempenhar as funções de manutenção e melhoria. A manutenção refere-se à manutenção dos padrões tecnológicos, gerenciais e operacionais atuais por meio de treinamento e disciplina. Nesse sentido, a visão japonesa de gerência deve seguir o preceito de manter e melhorar os padrões, conforme demonstrado no Gráfico 6.2.

Gráfico 6.2 Percepção japonesa das funções no trabalho

Alta gerência	
Média gerência	Melhoria
Supervisores	Manutenção
Funcionários	

Fonte: Imai, 2015, p. 11.

Uma melhoria pode ser classificada como *kaizen* (melhoria contínua) ou inovação. A **inovação** é uma mudança impactante que envolve gastos com tecnologia ou equipamento. Quando o dinheiro é fator crítico, a inovação é cara. Em contrapartida, o ***kaizen*** envolve poucos recursos e enfatiza os esforços humanos, moral, de treinamento, de trabalho em equipe, de envolvimento e de autodisciplina.

Infelizmente, muitos gerentes negligenciam as melhorias contínuas em detrimento da inovação, como pode ser visto no Gráfico 6.3.

Gráfico 6.3 Percepção ocidental das funções no trabalho

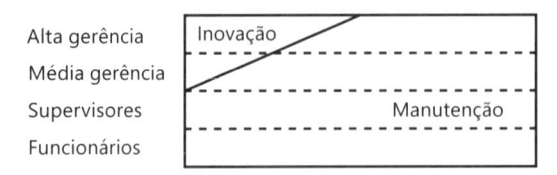

Alta gerência	Inovação
Média gerência	
Supervisores	Manutenção
Funcionários	

Fonte: Imai, 2015, p. 11.

Processo *versus* resultado

A melhoria contínua estimula as ações voltadas para os processos, pois os processos precisam ser aperfeiçoados para que os resultados melhorem. Existe uma frase muito utilizada na produção enxuta, que diz o seguinte: "o processo certo proporcionará o produto ou serviço correto". Se fizermos uma analogia com os processos de distribuição, não há como ter processos incorretos na armazenagem e nos transportes e esperar que se tenha um alto nível de serviço ao cliente.

Estratégias de *kaizen* como a gestão da qualidade total (TQM), o *just in time* (JIT) e a manutenção da produtividade total (TPM) são excelentes exemplos de abordagens orientadas para os processos.

Ciclo PDCA/SDCA

O ciclo PDCA é um veículo para a continuidade do *kaizen* e um dos conceitos mais importantes do processo. Trata-se de metodologia consagrada em muitas empresas na resolução de problemas. O ciclo está descrito na Figura 6.2.

Figura 6.2 Ciclo PDCA

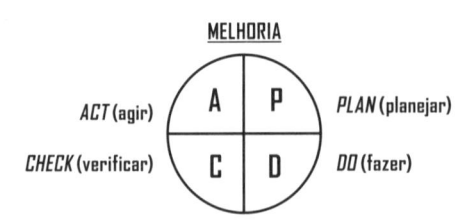

MELHORIA

ACT (agir) — A | P — *PLAN* (planejar)
CHECK (verificar) — C | D — *DO* (fazer)

Fonte: Elaborado com base em Imai, 2015, p. 11.

O ciclo SDCA é uma variação do ciclo anterior. Parte do pressuposto de que no início qualquer processo de trabalho é instável. Assim, antes de iniciar o PDCA, é preciso estabilizar o processo, conforme mostrado na Figura 6.3.

Figura 6.3 Ciclo SDCA

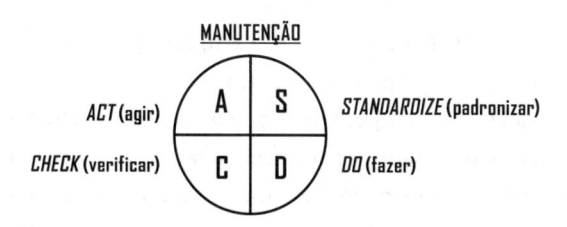

```
              MANUTENÇÃO
                  |
   ACT (agir)   A | S   STANDARDIZE (padronizar)
                  |
 CHECK (verificar) C | D   DO (fazer)
```

Fonte: Elaborado com base em Imai, 2015, p. 13.

Ainda conforme Imai (2015), toda vez que surge uma anormalidade no processo corrente, é preciso fazer três perguntas: Isso aconteceu porque não tínhamos um padrão? Porque o padrão não foi seguido? Ou porque o padrão não era adequado?

Há um lema na produção enxuta que diz: **não há melhoria naquilo que não está padronizado**. Vamos supor que você tenha problemas de pedido na distribuição de seu produto e queira implementar melhorias no processo de elaboração do pedido. Porém, nesse processo não há padronização. Qualquer melhoria implantada nessa situação não se sustentará, pois é necessário padronizar o trabalho para depois propor as melhorias.

QUALIDADE EM PRIMEIRO LUGAR – Para Imai (2015), entre os indicadores de custo, qualidade e entrega, a qualidade deve vir sempre em primeiro lugar. Não que os demais não sejam importantes, entretanto, por mais atraente que sejam o preço e o prazo de entrega oferecidos ao cliente, de nada adiantarão se o produto ou serviço não forem de qualidade.

Muitas vezes os gestores são pressionados quanto a custos e tempo de entrega e acabam negligenciando a qualidade. Normalmente, nos processos de distribuição ocorrem avarias nas embalagens e consequentemente nos produtos, no esforço de efetuar as entregas o mais rápido possível sem os devidos cuidados com o manuseio da carga.

UTILIZAR DADOS – *Kaizen* é um processo de resolução de problemas. O primeiro passo é identificar o problema e, a partir desse ponto, coletar dados relevantes e confiáveis para tomada de ação (lembre-se da folha de verificação apresentada anteriormente). Dados subjetivos baseados em palpites ou "achismos" não devem ser levados em consideração. O que se precisa é obter dados objetivos e confiáveis para construção de uma abordagem científica do problema.

O PRÓXIMO PROCESSO É O CLIENTE – Toda organização é formada por uma complexidade de processos. Cada um desses processos tem uma entrada (de um fornecedor, por exemplo), que por meio de atividades agrega valor ao produto ou serviço, e uma saída, que geralmente será direcionada a um cliente. Portanto, o próximo processo é um cliente, podendo ser interno ou externo. Isso ocorre inúmeras vezes dentro e fora das empresas. Não se deve, em hipótese nenhuma, transferir a responsabilidade de inspeção de um produto ou serviço para o processo final. Cada responsável pelo seu processo deve ter o compromisso de nunca passar para o próximo processo peças defeituosas ou informações erradas.

> **IMPORTANTE!**
>
> Entender essa premissa de fornecedor-cliente dentro de uma mesma empresa é primordial para que o cliente final receba um bom produto ou serviço.

6.4 TENDÊNCIAS NA DISTRIBUIÇÃO

Prever o futuro talvez seja um dos grandes desafios para os especialistas da área logística. É claro que não pretendemos aqui criar expectativas sobre o futuro da distribuição física, mas sim refletir sobre as tendências com base nos avanços tecnológicos.

É perceptível a evolução nas últimas décadas, principalmente no que diz respeito à tecnologia da informação, que impactou em cheio os canais de distribuição. Mas nem tudo evoluiu no mesmo ritmo das tecnologias da informação. Projeções futurísticas que apontavam evoluções fantásticas nas formas de transportes e nos projetos dos veículos não se concretizaram. Essas mudanças, muitas vezes exploradas pelo cinema, se tivessem acontecido conforme a expectativa, estariam impactando diretamente a distribuição.

Com relação ao modal rodoviário, especificamente os veículos, ainda continuamos a utilizar os mesmos tipos de motores a combustão do século 19, movidos pelos derivados de petróleo ou metanol. É claro que houve melhorias em todos os modais, mas com grau de inovação bem tímido se comparado com outras áreas. Se hoje estamos enfrentando essa realidade, como se processará a distribuição no futuro? Provavelmente, a forma como o produto chega ao consumidor final deverá sofrer alterações substanciais.

De acordo com Bertaglia (2009, p. 317), existe uma série de fatores que influenciam a demanda de consumo de produtos e serviços e que, por conseguinte, afetam a área de logística. A situação atual demonstra que devem ocorrer modificações significativas na área de transporte para que uma empresa possa ser competitiva e, ao mesmo tempo, ser competitivo e, ao mesmo tempo, atingir os objetivos sociais estabelecidos.

A internet causou um impacto enorme na forma de se fazer negócios – principalmente por meio do comércio eletrônico (*e-commerce*), afetando de forma direta a distribuição. Atualmente, o consumidor adquire um produto importado do outro lado do mundo sem sair de casa, causando impacto direto sobre os canais tradicionais de distribuição. Imagine que a partir de um toque na tecla de um computador (ou a partir da tela de um *smartphone*) inicia-se uma grande movimentação logística, incluindo elaboração e colocação do pedido, fabricação do produto (se necessário), separação do produto na origem, transporte até o país de destino, armazenagem temporária, transporte até o consumidor final (que iniciou esse ciclo) e prestação de serviços de pós-venda, entre outros processos.

A tendência é de que a tecnologia ainda vá promover mudanças radicais nesse sistema. Vejamos o exemplo do Uber (empresa multinacional norte-americana, prestadora de serviços eletrônicos na área do transporte privado urbano), que, usando a tecnologia disponível, tem revolucionado o transporte de passageiros nas grandes cidades ao redor do mundo. Já existem empresas começando a utilizar essa forma de trabalho para distribuir produtos em quantidades menores com interface direta com o consumidor. Será esse o caminho?

Foi pensando nesse dilema de prever o futuro para planejar estratégias de longo prazo que se destacou a empresa Deutsche Post DHL, multinacional alemã do segmento de logística internacional e correio expresso. Ela foi citada em matéria da revista *Exame* em março de 2012, com o título "5 visões para o mundo em 2050", que ouviu 42 especialistas para tentar antecipar os cenários futuros, levando em consideração diversos aspectos, como economia, tecnologia, sociedade e até o clima. O foco do texto foi nas cadeias de logística e distribuição, ramo de atuação da companhia e objeto de conhecimento deste livro.

Para fazer suas previsões, a empresa contou com a ajuda de instituições respeitadas, como o Fórum Econômico Mundial, o grupo GFK e o Greenpeace. Nos próximos parágrafos, mostraremos alguns cenários para a logística em 2050, extraídos da referida reportagem:

Cenário 1 – Clima indomável:
Em um mundo marcado pelo consumo desenfreado, o clima sofre com as consequências da exploração exacerbada dos recursos naturais. Os desastres naturais multiplicam-se. A demanda por infraestrutura de transporte também cresce. "Uma super rede mundial de transporte garante uma troca rápida de mercadorias entre os centros de consumo. Mas com o avanço das mudanças climáticas, as cadeias de suprimento são cada vez mais afetadas", prevê a consultoria.

Cenário 2 – A era das megacidades:
As megacidades tornam-se potências mundiais. Elas são as maiores incentivadoras e também as maiores beneficiadas da transição para um paradigma de crescimento sustentável. Para superar os desafios de continuar a crescer controlando, ao mesmo tempo, as consequências indesejadas, como congestionamentos e emissões de poluentes, as megacidades recorrem à cooperação. "A robótica revoluciona os mundos da produção e dos serviços. Os consumidores mudam de hábitos: os produtos agora são, em sua maioria, alugados, em vez de comprados", destaca a empresa. Uma super rede de transportes, incluindo caminhões, navios e aeronaves, mas também transportes espaciais, conecta as cadeias de suprimentos das megacidades.

Cenário 3 – Produção descentralizada:
Neste cenário, a industrialização e o consumo personalizados tornam-se uma prática predominante. Os consumidores criam seus próprios designs e fazem seus próprios produtos, com o importante auxílio das impressoras 3D. "Isso leva a uma ascensão de sistemas regionais de comércio, com o fluxo global se restringindo a matérias-primas e dados", diz a empresa. Os sistemas de energia e infraestrutura de produção e distribuição são cada vez mais descentralizados.

Cenário 4 – Protecionismo paralisante:
Com a deterioração da economia mundial, o nacionalismo exacerbado emerge e barreiras protecionistas fazem a globalização andar para trás, neste cenário nada animador. O desenvolvimento tecnológico estaciona e os altos preços

da energia, derivados da escassez de recursos, levam a conflitos globais pelo controle das reservas. As cadeias de suprimento se regionalizam e tornam-se instrumentos estratégicos para os governos.

Cenário 5 – Segurança em primeiro lugar:
Nesta visão, o mundo é caracterizado por um alto nível de consumo graças à produção altamente automatizada e barata, mas a ordem é adaptar-se. Em função de mudanças climáticas radicais, as catástrofes naturais interferem nas cadeias de suprimento e o paradigma migra da maximização de eficiência para a mitigação de riscos. Sistemas redundantes de produção predominam na indústria e a principal prioridade é a segurança, com infraestruturas de backup para garantir transporte confiável em tempos perigosos. (Moreira, 2012, grifo do original)

Importante!

Planejar é elaborar ações baseadas em um futuro que ainda não chegou. Quanto melhor se prevê esse futuro, melhor é o planejamento. Portanto, para qualquer área, mais especificamente para a logística e a distribuição, é imprescindível gerar esforços no sentido de prever com a maior acurácia possível os riscos e as oportunidades que estão por vir.

Síntese

Neste capítulo, abordamos a importância dos indicadores para os processos de distribuição. Mostramos que, para chegar aos indicadores de desempenho, todo o macroprocesso iniciado com os processos já foi devidamente estabelecido: produto a ser distribuído, canais a serem utilizados, localização de armazéns, definição dos modais, roteirização de veículos, ciclo do pedido, embalagens, entre outros. Assim, os resultados dessas decisões serão avaliados pelos indicadores-chave de desempenho (KPIs).

Definimos o que é processo e, a partir daí, catalogamos alguns dos processos mais importantes, que servem de base para definição de outras formas de medição de desempenho e se adequam aos sistemas de distribuição logística. Para facilitar o entendimento, foram apresentados alguns exemplos de indicadores de processos com os conceitos e as respectivas sugestões para fórmula de cálculo.

Se os indicadores foram bem aplicados, atendendo às expectativas dos clientes e também às estratégias da empresa, é hora de coletar os dados e partir para as ações corretivas, preventivas e de melhorias. Para coleta de dados, constatamos a importância da folha de verificação e, para estruturação dos planos de ação, explicamos como utilizar uma ferramenta de grande valia para a gestão: a 5W2H.

Esclarecemos que planos de ações não são utilizados somente para ações corretivas e preventivas – afinal, são utilizados também para ações de melhoria – e abordamos os princípios que regem a melhoria contínua, também conhecida como *kaizen*.

Por fim, tratamos do futuro da distribuição logística, traçando um paralelo sobre a evolução das tecnologias e os processos de distribuição. O assunto é tão importante que uma das maiores empresas do mundo do segmento de logística e distribuição encomendou uma pesquisa com grandes especialistas para prever com o menor risco possível o ambiente logístico em 2050. Todos de olho no futuro!

Questões para revisão

1. William Edwards Deming foi um estatístico, professor universitário e escritor americano. É de sua autoria a seguinte frase: "Não se gerencia o que não se mede; não se mede o que não se define; não se define o que não se entende; não há sucesso no que não se gerencia".

    Explique o que Deming quis dizer com essa frase.

2. Embora não exista uma receita de bolo para a elaboração de indicadores, algumas recomendações devem ser seguidas para que eles sejam eficazes quanto aos objetivos estabelecidos. Analise as alternativas a seguir e assinale V para verdadeiro e F para falso no que diz respeito a como devem ser os indicadores:

(   ) Viabilidade: medir resultados e intenções (abstração).
(   ) Representatividade: ser estatisticamente representativos no universo analisado.
(   ) Ajuste: não devem ser adaptados à realidade do processo e da empresa.
(   ) Visualização: permitir interpretação rápida (uso de gráficos, por exemplo).
(   ) Alcance: possibilitar análise das causas, não apenas dos efeitos.

Agora, assinale a alternativa que apresenta a sequência correta:

a) V, F, V, V, V.
b) V, V, F, V, V.
c) F, V, F, V, F.
d) F, V, F, V, V.
e) V, V, F, V, V.

3. Para um planejamento administrativo de forma estruturada, é possível utilizar uma ferramenta denominada 5W2H. Com relação a essa ferramenta, analise as afirmações a seguir e coloque V se a alternativa for verdadeira ou F se a alternativa for falsa.

(   ) A ferramenta 5W2H é extremamente útil para empresas que desejam crescer com um bom planejamento.
(   ) Pela sua praticidade, o 5W2H pode ser utilizado em organizações de qualquer porte.
(   ) Pela sua complexidade, o 5W2H pode ser utilizado somente em organizações de médio e grande porte.
(   ) É uma metodologia administrativa para elaboração de plano de ação.
(   ) Diferente de um plano de ação comum, o 5W2H tem uma caraterística de *checklist*.

Agora, assinale a alternativa que apresenta a sequência correta:

a) V, F, V, F, F.
b) V, V, V, V, F.
c) V, F, V, V, V.
d) V, V, F, V, V.
e) V, V, V, V, V.

4. Melhoria contínua é, antes de tudo, uma filosofia empresarial, mas também uma filosofia de vida. O termo que vem do japonês *kaizen* significa:
   a) Melhoria que envolve todos (gerentes e trabalhadores) e envolve relativamente alta tecnologia.
   b) Melhoria que envolve todos (gerentes e trabalhadores) e envolve relativamente poucas despesas.
   c) Melhoria que envolve alto nível de inovação de processos e produtos e envolve relativamente poucas despesas.
   d) Melhoria aplicada de forma a causar impacto financeiro imediato nas empresas.
   e) Melhoria que envolve (gerentes e trabalhadores) devido à complexidade da aplicação.

5. Implantar uma filosofia de melhoria contínua não é algo fácil. Imai (2015, p. 10), apresenta alguns conceitos básicos necessários à concretização da estratégia de *kaizen*. Quais são esses conceitos?

Questões para reflexão

1. Para ampliação do conhecimento, quando tratamos de indicadores, foi acrescentada a análise de atividades contidas nos processos que agregam valor ao cliente (VA), atividades que não agregam valor, mas são necessárias (valor empresarial agregado – VEA), e atividades que não agregam valor e tampouco são necessárias (valor não agregado – VNA). Com relação aos processos de distribuição (fretamento do transporte, armazenagem, movimentação de materiais, empacotamento de proteção e controle de estoque), identifique:
   a) Atividades que agregam valor (VA).
   b) Atividades que não agregam valor, mas são necessárias (valor empresarial agregado – VEA).
   c) Atividades que não agregam valor e tampouco são necessárias (valor não agregado – VNA).

2. No estudo de caso apresentado neste capítulo, o grupo de *kaizen* utilizou-se de uma estratégia interessante no que diz respeito ao aproveitamento dos caminhões, implantando um sistema de troca da carroceria com ganho expressivo de tempo. Analise um centro de distribuição com características similares e questione:

a) É possível utilizar a mesma estratégia usada pela empresa citada no estudo de caso?

b) É comum em alguns centros de distribuição perceber motoristas aguardando por longo tempo os processos de carga, descarga e procedimentos burocráticos. Quais seriam as causas dessa espera?

PARA SABER MAIS

Neste capítulo foram apresentados alguns indicadores de desempenho logístico. O artigo apresentado no *link* a seguir enumera algumas sugestões de como gerenciar estoques. Ele também questiona alguns indicadores de manutenção de nível de serviço e acurácia de estoque. Acesse o texto no *site* da *Revista Logística & Supply Chain*. O texto em forma de questionário também menciona outro termo importantíssimo que é um indicador para a distribuição: o *lead time*. Confira!

REVISTA LOGÍSTICA & SUPPLY CHAIN. **Eliminação das causas do excesso de estoques**. 28 ago. 2015. Disponível em: <https://www.imam.com.br/logistica/artigos/serie-gestao-de-estoques/2282-eliminacao-das-causas-do-excesso-de-estoques>. Acesso em: 18 maio 2018.

Para concluir...

Chegamos ao fim deste livro com a sensação de dever cumprido, mas com um sentimento: Será que conseguimos transmitir todos os aspectos relativos aos canais de distribuição logísticos? Talvez tenhamos aqui um caso de *trade-off* (vocês se lembram desse termo?).

Transformações econômicas e tecnológicas têm alterado substancialmente os padrões de consumo, tornando os processos cada vez mais complexos, o que exige do profissional de logística uma formação robusta. A fim de colaborar efetivamente para essa formação, buscamos elementos capazes de fortalecer o conhecimento e o entendimento sobre os canais de distribuição.

O acesso à tecnologia pelos fabricantes faz com que muitos produtos sejam similares quanto ao custo e à qualidade, atribuindo à distribuição um fator decisório no momento da compra pelo consumidor.

Qual será o nível de serviço que satisfaz as necessidades do cliente? Mostramos o que é criação de valor para o cliente e como muitas vezes ela é conseguida pelas empresas por meio da diferenciação dos serviços oferecidos, os quais contribuem para aumentar a competitividade das organizações.

Quando tratamos dos canais de distribuição, descobrimos que o conhecimento não deve ser restrito apenas ao âmbito logístico: há a necessidade de se integrar as *expertises* a outras áreas, como buscar aspectos de *marketing*. Por meio da combinação de *expertises*, tratamos das funções dos intermediários e das várias possibilidades de canais de distribuição.

Para distribuir um determinado produto, é necessário movimentá-lo de um local para outro, o que consome tempo e gera custos. Por isso, discutimos o transporte e sua participação na distribuição em suas particularidades. A utilização das tabelas comparativas certamente o auxiliarão na escolha do modal de transporte.

Gerir processos logísticos requer conhecimento holístico por parte do profissional, principalmente quando se trata do desenvolvimento de projetos estratégicos. Para esse fim, abordamos as estratégias de localização para centros de distribuição utilizando um modelo matemático básico.

Como descrito no início do livro, atualmente a distribuição tem sido o diferencial competitivo para as organizações logísticas, principalmente pelo fato de as entregas estarem cada vez mais pulverizadas em função das características de aquisição dos produtos por meio do *e-commerce*. Gerir todo esse complexo de atividades é o desafio do profissional da logística, especificamente da distribuição. Nesse sentido, mostramos como administrar o ciclo de pedido, as funções de separação e *picking*, a importância das embalagens e as características dos processos de expedição.

Não adiantaria gerenciar todas essas atividades e não saber se elas estão atendendo aos requisitos do cliente e se estão alinhadas com as estratégias da empresa. Nesse sentido, argumentamos sobre a importância dos KPIs e dos sistemas de medição dos processos de distribuição, bem como vimos a utilização dos dados e de informações dos indicadores para os processos de melhoria contínua.

Na conclusão desta obra, apresentamos alguns cenários futurísticos propostos pela empresa DHL quanto aos processos de distribuição. É justamente essa a reflexão que deixamos: o gestor inovador deve administrar os processos de hoje de olho no que poderá acontecer no futuro. Os estudos na área não podem parar. Quem sabe, daqui a alguns anos, estaremos enfrentando um problema surreal, como o congestionamento aéreo causado pelo tráfego de *drones* na distribuição de produtos.

Referências

ABAD – Associação Brasileira de Atacadistas e Distribuidores de Produtos Industrializados. Disponível em: <http://www.abad.com.br/>. Acesso em: 16 maio 2018.

ANDREOLI, T. P.; AHLFELDT, R. **Organização de sistemas produtivos**: decisões estratégicas e táticas. Curitiba: InterSaberes, 2014.

BALLOU, R. H. **Gerenciamento da cadeia de suprimentos**: planejamento, organização e logística empresarial. Tradução de Elias Pereira. 4. ed. São Paulo: Bookman, 2005.

____. **Gerenciamento da cadeia de suprimentos/logística empresarial**. 5. ed. Porto Alegre: Bookman, 2006.

____. **Logística empresarial**: transportes, administração de materiais, distribuição física. São Paulo: Atlas, 2012.

BARNEY, J. B.; HESTERLY, W. S. **Administração estratégica e vantagem competitiva**. São Paulo: Pearson Prentice Hall, 2007.

BERTAGLIA, P. R. **Logística e gerenciamento da cadeia de abastecimento**. 2. ed. rev. e atual. São Paulo: Saraiva, 2009.

BOWERSOX, D. J.; CLOSS, D. J. **Logística empresarial**: o processo de integração da cadeia de suprimento. São Paulo: Atlas, 2008.

BRASIL. ANEEL – Agência Nacional de Energia Elétrica. **Atlas de energia elétrica do Brasil**. Parte II: fontes renováveis. Disponível em: <http://www2.aneel.gov.br/arquivos/PDF/atlas_par2_cap3.pdf>. Acesso em: 16 maio 2018a.

BRASIL. ANTT – Agência Nacional de Transportes Terrestres. **Multimodal**. Disponível em: <http://www.antt.gov.br/cargas/arquivos_old/Multimodal.html>. Acesso em: 16 maio 2018b.

BRASIL. Ministério dos Transportes, Portos e Aviação Civil. **Transportes no Brasil**: síntese histórica. 14 nov. 2016. Disponível em: <http://www.transportes.gov.br/conteudo/136-transportes-no-brasil-sintese-historica.html#rodovias>. Acesso em: 16 maio 2018.

____. **Mapa ferroviário**. Disponível em: <http://www2.transportes.gov.br/bit/01-inicial/07-download/mapaferro2013.pdf>. Acesso em: 16 maio 2018c.

____. **Mapa hidroviário**. Disponível em: <http://www2.transportes.gov.br/bit/01-inicial/07-download/mapahidro2013.pdf>. Acesso em: 16 maio 2018d.

____. **Mapa rodoviário**. Disponível em: <http://www2.transportes.gov.br/bit/01-inicial/07-download/rodo2013.pdf>. Acesso em: 16 maio 2018e.

CAMPOS, L. F. R.; BRASIL, C. V. de M. **Logística**: teia de relações. Curitiba: InterSaberes, 2013.

CHIAVENATO, I. **Administração de recursos humanos**: fundamentos básicos. 8. ed. Barueri: Manole, 2016. (Série Recursos Humanos).

____. **Administração nos novos tempos**. 2. ed. Rio de Janeiro: Campus/Elsevier, 2004.

____. **Gestão de vendas**: uma abordagem introdutória. 3. ed. Barueri: Manole, 2014.

____. **Introdução à teoria geral da administração**: uma visão abrangente da moderna administração das organizações. 7. ed. rev. e atual. Rio de Janeiro: Campus/Elsevier, 2003.

____. **Os novos paradigmas**: como as mudanças estão mexendo com as empresas. 5. ed. Barueri: Manole, 2008.

COELHO, L. C. Indicadores de desempenho logístico (KPI). **Logística descomplicada**, 3 abr. 2011. Disponível em: <https://www.logisticadescomplicada.com/indicadores-de-desempenho-kpi/>. Acesso em: 16 maio 2018.

COUGHLAN, A. T. et al. **Canais de marketing**. 7. ed. São Paulo: Pearson, 2012.

EMERSON, C. J.; GRIMM, C. M. Logistics and Marketing Components of Customer Service: an Empirical Test of the Mentzer, Gomes and Krapfel Model. **International Journal of Physical Distribution & Logistics Management**, v. 26, n. 8, p. 29-42, 1996.

GONÇALVES, P. S. **Logística e cadeia de suprimentos**: o essencial. Barueri: Manole, 2013.

IBGE – Instituto Brasileiro de Geografia e Estatística. **Mapa hidrográfico do Brasil**. Disponível em: <ftp://geoftp.ibge.gov.br/cartas_e_mapas/mapas_do_brasil/fisico/brasil_fisico5000k_2007.pdf>. Acesso em: 16 maio 2018.

IMAI, M. **Gemba kaizen**: estratégias e técnicas do kaizen no piso de fábrica. São Paulo: Imam, 2015.

IMAM. **Dicionário de logística on-line**. Disponível em: <https://www.imam.com.br/logistica/dicionario-da-logistica/?q=consolidacao&buscar=>. Acesso em: 16 maio 2018.

KOTLER, P.; KELLER, K. L. **Administração de marketing**. Tradução de Mônica Rosenberg, Claudia Freire e Brasil Ramos Fernandes. 12. ed. São Paulo: Pearson Prentice Hall, 2006.

____. ____. Tradução de Sônia Midori Yamamoto. 14. ed. São Paulo: Pearson Education do Brasil, 2012.

MATOS, G. G. de. **Comunicação empresarial sem complicação**: como facilitar a comunicação na empresa, pela via da cultura e do diálogo. 3. ed. Barueri: Manole, 2014.

MEGA MULTIMODAL. **Cargas perigosas**. Disponível em: <http://www.megamultimodal.com.br/cargas-perigosas/>. Acesso em: 16 maio 2018.

MICHAELIS. **Dicionário escolar**: língua portuguesa. 3. ed. São Paulo: Melhoramentos, 2013.

MIURA, M. **Resolução de um problema de roteamento de veículos em uma empresa transportadora**. 89 f. Trabalho de Conclusão de Curso (Graduação em Engenharia de Produção) – Universidade de São Paulo, São Paulo, 2003. Disponível em: <http://pro.poli.usp.br/wp-content/uploads/2012/pubs/resolucao-de-um-problema-de-roteamento-de-veiculos-em-uma-empresa-transportadora.pdf>. Acesso em: 16 maio 2018.

MOREIRA, D. 5 visões para o mundo em 2050. **Revista Exame**, Mundo, 1º mar. 2012. Disponível em: <https://exame.abril.com.br/mundo/5-visoes-para-o-mundo-em-2050/>. Acesso em: 16 maio 2018.

NATURA e a internacionalização com a visão de Pedro Passos. **Revista HSM Management**, São Paulo, ano 11, v. 4, n. 63, jul./ago. 2007.

NOVAES, A. G. **Logística e gerenciamento da cadeia de distribuição**: estratégia, operação e avaliação. Rio de Janeiro: Campus, 2003.

____. ____. 2. ed. Rio de Janeiro: Campus, 2004.

____. ____. 3. ed. Rio de Janeiro: Campus, 2007.

____. **Sistemas logísticos**: transporte, armazenagem e distribuição física de produtos. São Paulo: Edgard Blücher, 1989.

PAIXÃO, M. V. **Inovação em produtos e serviços**. Curitiba: InterSaberes, 2014. (Série Marketing Ponto a Ponto).

PASCARELLA, R. **Gestão de canais de distribuição**. São Paulo: FGV, 2016.

PONTES, H. L. J.; ALBERTIN, M. R. **Logística e distribuição física**. Curitiba: InterSaberes, 2017. (Série Logística Organizacional).

RAZZOLINI FILHO, E. **Gerência de serviços para a gestão comercial**: um enfoque prático. Curitiba: InterSaberes, 2012. (Série Gestão Comercial).

REXPERTS. **Galpões refrigerados**: especificações e detalhes surpreendentes desse tipo de investimento imobiliário. 29 jun. 2015. Disponível em: <http://rexperts.com.br/galpoes-refrigerados/>. Acesso em: 15 jun. 2018.

ROSENBLOOM, B. **Canais de marketing**: uma visão gerencial. Tradução de Adalberto Belluomini et al. São Paulo: Atlas, 2002.

____. **Marketing Channels**: a Management View. 6. ed. Nova York: The Dryden Press, 1999.

RUSSO, C. P. **Armazenagem, controle e distribuição**. Curitiba: InterSaberes, 2013. (Série Logística Organizacional).

SELEME, R.; STADLER, H. **Controle da qualidade**: as ferramentas essenciais. 2. ed. Curitiba: Ibpex, 2010.

SEOANE, T. Coleta de lixo subterrânea e a vácuo. **Infraestrutura urbana: projetos, custos e construção**, n. 11, dez. 2011. Disponível em: <http://infra estruturaurbana17.pini.com.br/solucoes-tecnicas/11/coleta-de-lixo-subterrenea-e-a-vacuo-conheca-modelo-245157-1.aspx>. Acesso em: 16 maio 2018.

SHIGUNOV NETO, A.; GOMES, R. M. **Introdução ao estudo da distribuição física**. Curitiba: InterSaberes, 2016.

SKYSCRAPER CITY. **India National Highway Network Map**. Disponível em: <http://www.skyscrapercity.com/showthread.php?t=1611569>. Acesso em: 16 maio 2018.

STERN, L. W.; EL-ANSARY, A. I.; COUGHLAN, A. T. **Marketing Channels**. 5. ed. Upper Saddle River: Prentice Hall, 1996.

THOMPSON JR., A. A.; STRICKLAND III, A. J.; GAMBLE, J. E. **Administração estratégica**. 15. ed. São Paulo: McGraw-Hill, 2008.

VALERIANO, D. L. **Gerenciamento estratégico e administração por projetos**. São Paulo: Makron Books, 2001.

WIKIPÉDIA. **Transporte ferroviário na Índia**. Disponível em: <https://pt.wikipedia.org/wiki/Transporte_ferrovi%C3%A1rio_na_%C3%8Dndia#/media/File:India_railway_schematic_map.svg>. Acesso em: 16 maio 2018.

WILDAUER, E. W.; WILDAUER, L. del B. S. **Mapeamento de processos**: conceitos, técnicas e ferramentas. Curitiba: InterSaberes, 2015.

WWINN – World Wide Inland Navigation Network. **India Inland Waterways**. Disponível em: <http://www.wwinn.org/india-inland-waterways>. Acesso em: 16 maio 2018.

Respostas

Capítulo 1

1. Todas as atividades logísticas estão interligadas e são interdependentes. A separação que realizamos ao estudá-las é para fins didáticos e para uma melhor visualização das características de cada uma. Porém, ao olharmos para a prática, não há distinção. Por isso, se não se inter-relacionarem bem, o resultado será comprometido e o nível de serviço ao cliente não será alcançado, podendo gerar a não entrega do produto como pior consequência.
2. Objetivos principais da distribuição: atender às necessidades dos clientes; estar presente e disponível para os clientes; garantir nível de serviço ao cliente; intensificar o potencial de comercialização; alimentar o fluxo de informações; e otimizar recursos para redução de custos.
   Objetivos gerais da logística: entregar o produto correto, no local correto, a um custo mínimo e mantendo todas as características deste. São complementares e não há como alcançar um sem alcançar o outro.
3. O custo total da logística leva em consideração todos os custos envolvidos para a operacionalização das atividades logísticas. É fundamental que se tenha conhecimento desses valores, pois são repassados diretamente ao cliente final e nem sempre os clientes estão dispostos a pagar por eles. A logística também deve ter ciência do quanto pode pagar por atividade para não ultrapassar os patamares ideais e não deixar a empresa no prejuízo.
4. a
5. b

Capítulo 2

1. a. Produto, preço, promoção e ponto de venda.
   b. Ponto de venda.
2. Distribuição física: refere-se à movimentação de produtos do fabricante até o consumidor final.

Canais de distribuição: pode ser definido como um conjunto de organizações interdependentes envolvidas no processo de tornar o produto ou serviço disponível para consumo ou uso (Stern, 1996).
3. b
4. c
5. a. Nesse tipo de canal, há a possibilidade de parte das funções ao longo do canal ser executada por dois ou mais elementos da cadeia de suprimentos, o que permite que o fabricante negocie a venda de seus produtos com os setores de compras de grandes empresas.

b. Vantagens:
- Contato direto do fabricante com os clientes,
- Melhoria contínua na linha de produtos mediante o *feedback* do cliente.
- Contato direto com o cliente permite a venda de grandes lotes com descontos.
- A utilização de distribuidores que atendem a uma grande relação de fornecedores e podem, assim, oferecer serviços logísticos eficientes e com menores custos.
- O fato de o fabricante ser responsável direto pelo pós-venda propicia ao cliente valor agregado ao produto.

Desvantagens:
- Necessidade de compensação financeira entre agentes da cadeia de suprimentos.
- Os distribuidores podem estar trabalhando para outros canais concorrentes e deverão balancear sua carga de trabalho.

Capítulo 3

1. b
2. O principal desafio da logística na fase de introdução é o desconhecimento do processo e de como as variáveis estarão atuando na prática. É importante o planejamento procurando levantar o maior número de variáveis possível e cenários diversos.

Na etapa de crescimento, o desafio da logística de distribuição é manter o nível de serviço ao cliente conforme o volume aumenta. Como não se sabe o limite desse aumento, deve-se buscar empresas parceiras de transporte que possam acompanhar esse crescimento.

A maturidade é o cenário ideal para a logística. Nesse momento, já está de posse das informações de como cada uma das atividades se comporta na prática, quais as vulnerabilidades do produto e os desejos do cliente.

O desafio do declínio é saber identificar o momento de romper os contratos a fim de não gerar prejuízos por reservas e/ou espaços não utilizados.

3. A comunicação é fundamental para que as empresas saibam o que esperar umas das outras e o que precisam atender para as demais. Informações essas com quantidades, prazos, características dos produtos e locais de entrega. Também é preciso informar qual o prazo para que as solicitações possam ser atendidas. Outro aspecto importante da comunicação é a confiabilidade das informações.

4.
- Rodoviário: ideal para distâncias curtas (até 500 km), realiza entrega porta-a-porta, transporta qualquer tipo de mercadoria, tem alto custo se comparado aos modais ferroviário e aquaviário. Exemplos: alimentos e eletrodomésticos.
- Ferroviário: ideal para distâncias médias a longas (acima de 500 km), transporta qualquer tipo de mercadoria – mas é comum, no Brasil, para *commodities* –, apresenta alto custo de implantação, mas baixo custo de operação. Exemplos: cimento e grãos.
- Aquaviário: para distâncias longas (pode ocorrer por mares, lagos e rios), transporta qualquer tipo de mercadoria com alta capacidade de peso, apresenta baixo custo por tonelada e precisa de infraestrutura para operar. Exemplos: cerâmica e madeira.
- Aeroviário: para distâncias longas e mercadoria com alto valor agregado e frágil. Apresenta alto custo. Exemplos: medicamentos e produtos tecnológicos.
- Dutoviário: para distâncias longas, é seguro (ocorre na maioria dos casos em instalações subterrâneas), exige investimento em infraestrutura por parte do governo e é inflexível em relação à rota percorrida. Exemplos: gases e derivados do petróleo.

5. a

Capítulo 4

1. Características geográficas, econômicas e culturais.
2. Infraestrutura, disponibilidade de recursos e restrições e riscos.
3. c
4. b
5.
   - limite de tempo da jornada dos motoristas;
   - algumas escalas são limitadas pelo horário estabelecidos para carga e descarga;
   - velocidade máxima permitida;
   - tamanho máximo de veículos em determinadas vias públicas;
   - limitação de carga (peso e volume) dos veículos.

Capítulo 5

1.
   - Recebimento do pedido: contém as informações sobre o pedido, sua confirmação financeira e sua validação. É o momento em que o pedido do cliente entra oficialmente para a empresa e para a cadeia produtiva.
   - Fabricação: é o processo em que o produto é manufaturado. Pode ser antes do pedido finalizado (quando há a existência de estoque de produto acabado) ou começar apenas após a confirmação do pedido.
   - Separação: envolve as atividades de *picking*, embalagem e unitização, sempre com base nas informações do pedido.
   - Entrega: ocorre com a roteirização, a emissão de documentos e registros necessários e o relatório de acompanhamento das entregas.
2. d
3. a
4. Podemos elencar várias vantagens para a unitização de cargas:
   - redução de custos com mão de obra;
   - maior controle dos estoques;
   - agilidade no manuseio;
   - melhor aproveitamento de espaço de armazenagem;
   - maior segurança, menor desperdício e extravios.

5. A correta escolha da embalagem e de suas características facilita o processo de distribuição, pois auxilia na manutenção das características dos produtos ao longo da entrega. Isso contribui para que o nível de serviço ao cliente esperado seja atingido, além de proporcionar uma movimentação mais facilitada, como no caso da unitização.

Capítulo 6

1. Nessa frase, o autor quis dizer que é necessário que haja medição do desempenho dos processos para que eles possam ser administrados e melhorados.
2. d
3. d
4. b
5. *Kaizen* e gerência, processo *versus* resultado, ciclo PDCA/ SDCA, qualidade em primeiro lugar, utilizar dados e o próximo processo é o cliente.

Anexos

Mapa 3.1 Mapa físico do Brasil – hidrovias

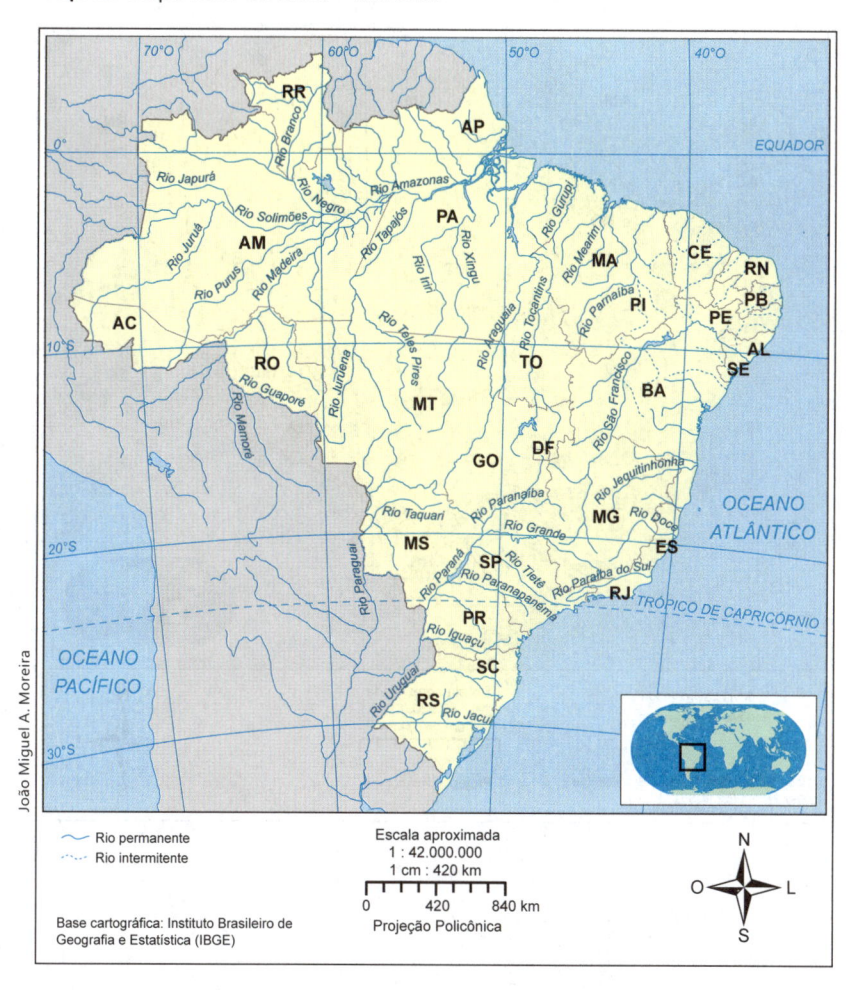

Mapa 3.2 Mapa rodoviário do Brasil

Fonte: Brasil, 2018e.

Mapa 3.3 Mapa rodoviário da Índia

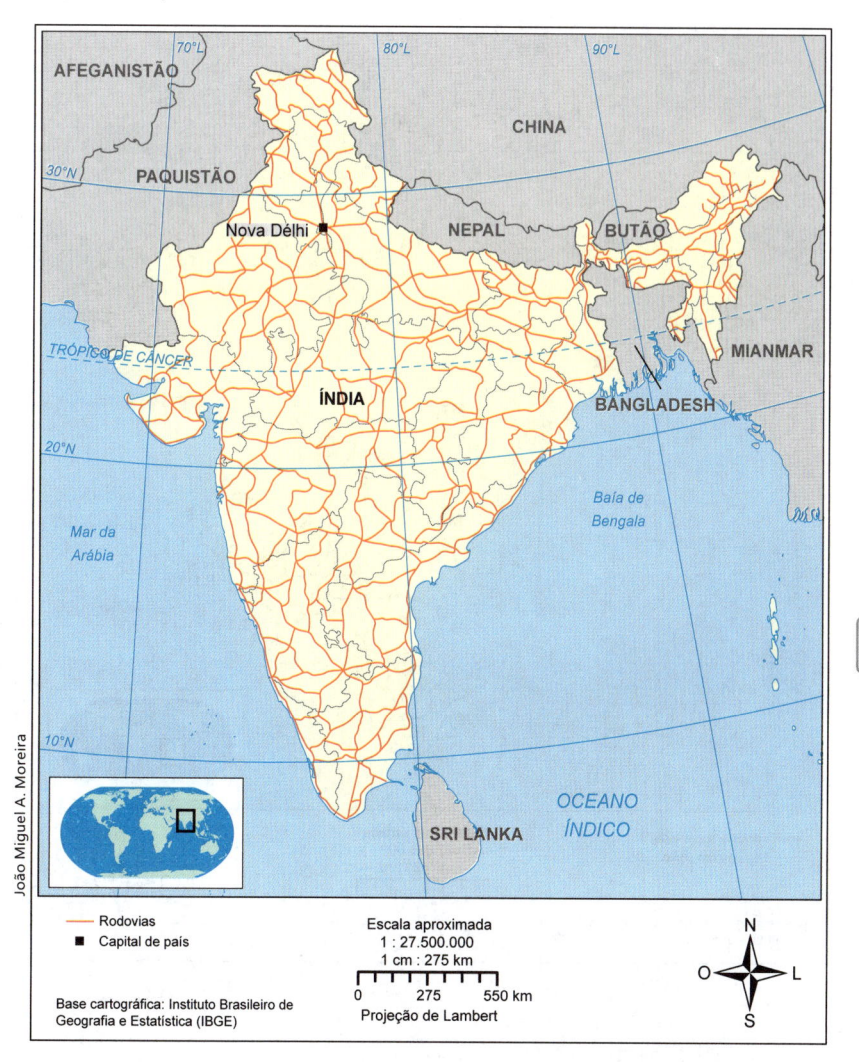

— Rodovias
■ Capital de país

Escala aproximada
1 : 27.500.000
1 cm : 275 km
0 275 550 km
Projeção de Lambert

Base cartográfica: Instituto Brasileiro de Geografia e Estatística (IBGE)

Fonte: Skyscraper City, 2018.

Mapa 3.4 Mapa ferroviário do Brasil

- +++ Ferrovia construída
- —— Ferrovia em construção

Escala aproximada
1 : 42.000.000
1 cm : 420 km
0 — 420 — 840 km
Projeção Policônica

Base cartográfica: Instituto Brasileiro de Geografia e Estatística (IBGE)

João Miguel A. Moreira

Fonte: Brasil, 2018c.

Mapa 3.5 Mapa ferroviário da Índia

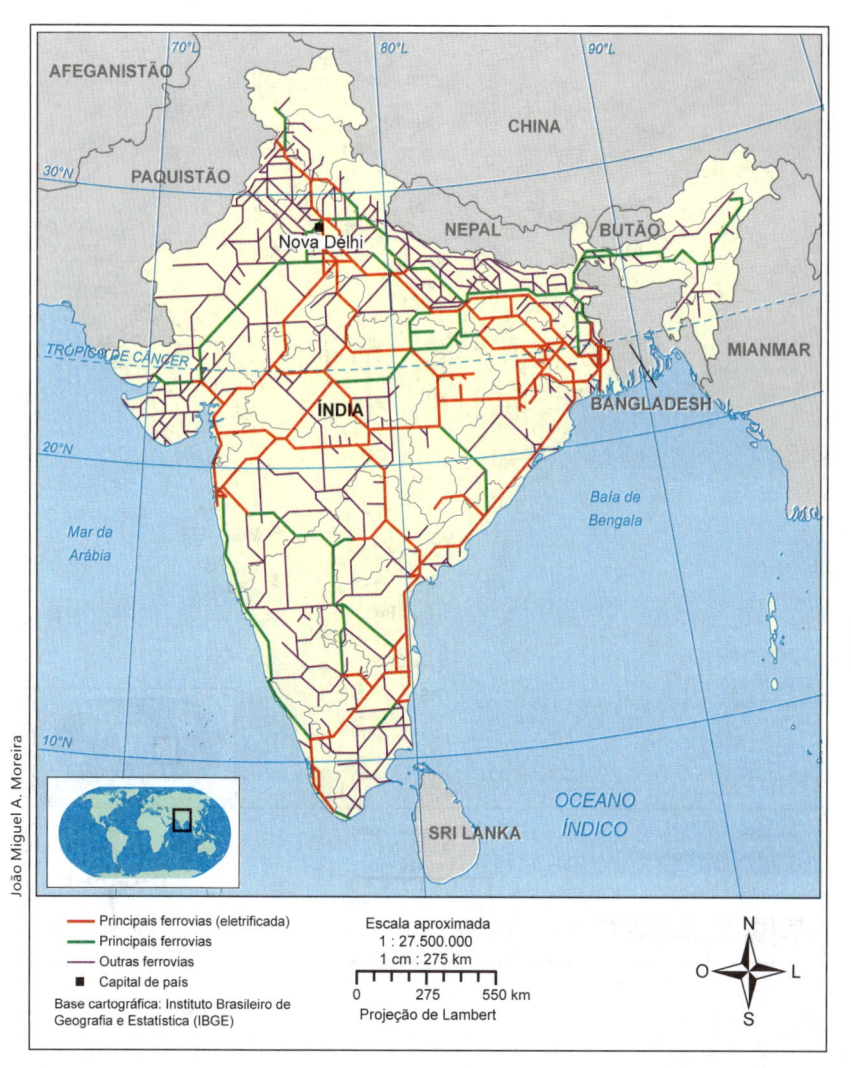

- Principais ferrovias (eletrificada)
- Principais ferrovias
- Outras ferrovias
- ■ Capital de país

Base cartográfica: Instituto Brasileiro de Geografia e Estatística (IBGE)

Escala aproximada
1 : 27.500.000
1 cm : 275 km

0 — 275 — 550 km

Projeção de Lambert

João Miguel A. Moreira

Fonte: Wikipedia, 2018.

Caroline Brasil • Roberto Pansonato

Mapa 3.6 Mapa aquaviário do Brasil

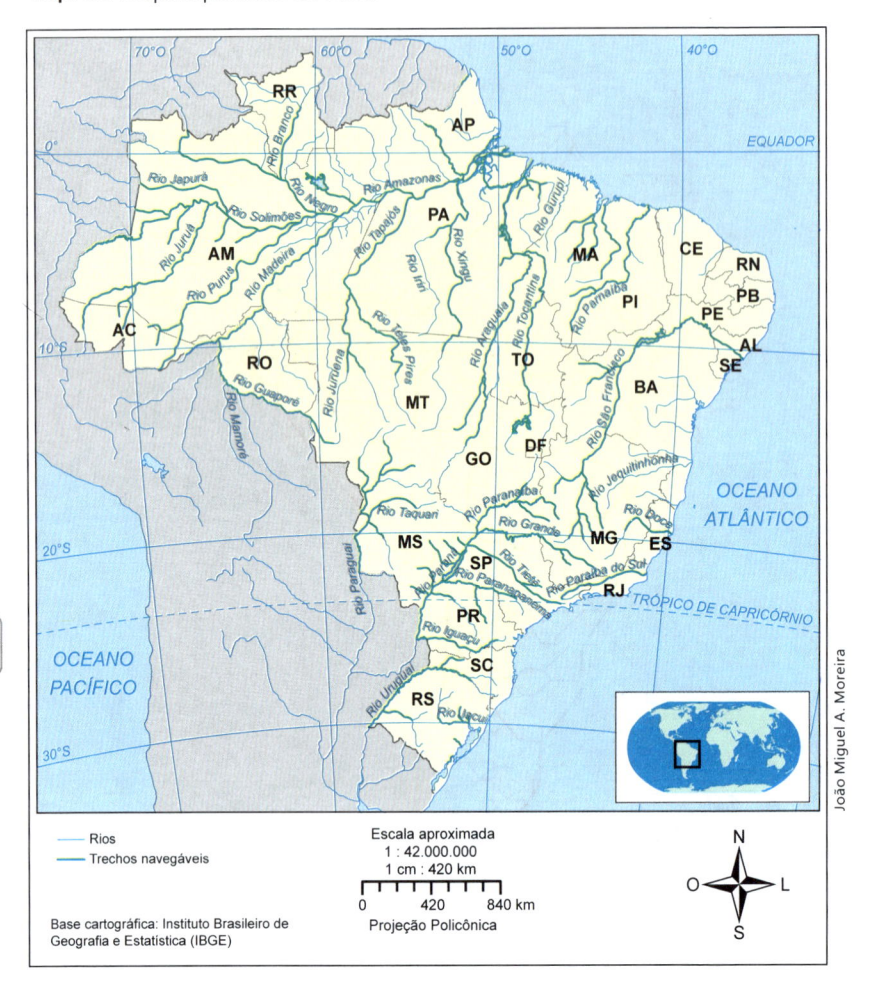

Fonte: Brasil, 2018d.

Mapa 3.7 Mapa aquaviário da Índia

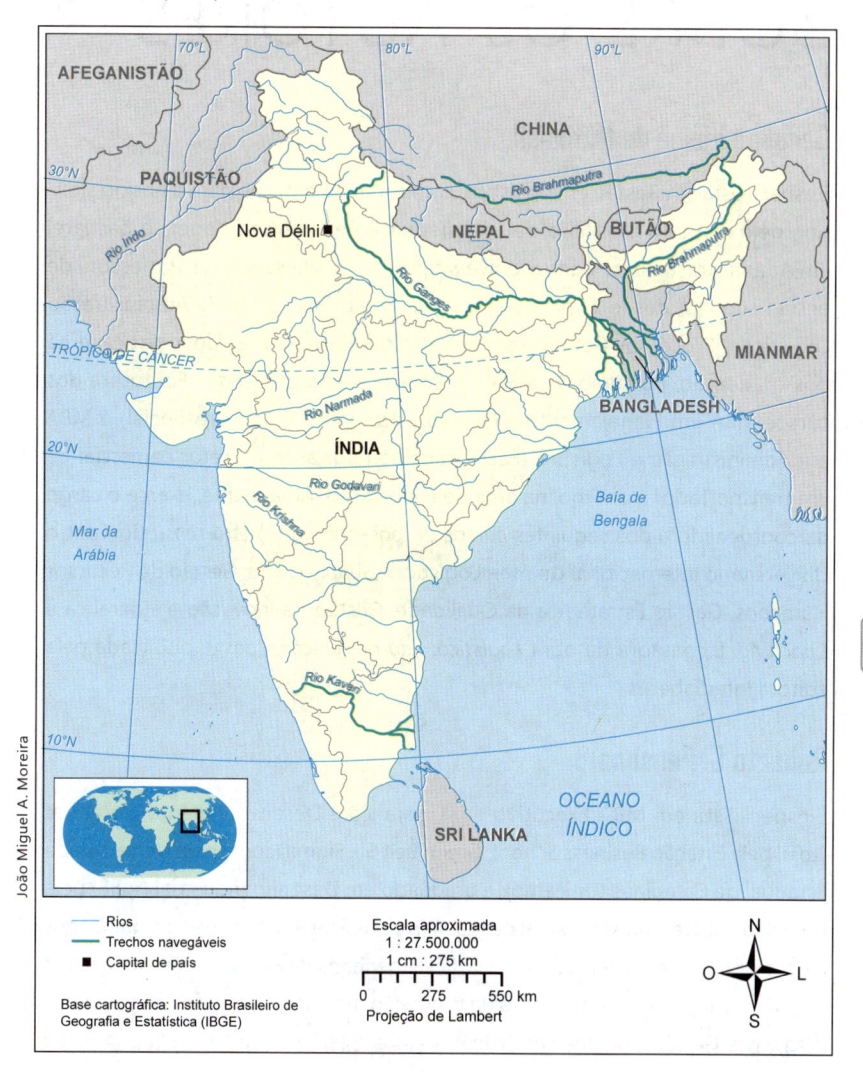

Rios
Trechos navegáveis
■ Capital de país

Base cartográfica: Instituto Brasileiro de Geografia e Estatística (IBGE)

Escala aproximada
1 : 27.500.000
1 cm : 275 km
0 — 275 — 550 km
Projeção de Lambert

Fonte: WWINN, 2018.

Sobre os autores

Caroline Vieira de M. Brasil

É especialista em Gestão em Logística, com complementação para o ensino superior, pelo Instituto Brasileiro de Pós-graduação e Extensão (Ibpex) e bacharel em Administração pelo Centro Universitário FAE Business School. Professora de ensino superior desde 2005, atuou na graduação nos cursos de Administração, Logística e Processos Gerenciais, com as disciplinas da área de logística; e na pós-graduação, no curso de MBA em Logística e *Supply Chain*. Foi tutora dos cursos MBA em Planejamento e Gestão Estratégica (EaD e presencial) e MBA em Administração e Logística (EaD). Trabalhou por anos no setor comercial de um transportador marítimo, na área de exportação. Atualmente, exerce o cargo de coordenadora dos seguintes cursos de pós-graduação *lato sensu* do Centro Universitário Internacional Uninter: Logística e *Supply Chain*, Gestão de Recursos Humanos, Gestão Estratégica da Qualidade, Gestão da Inovação e Liderança e *Coaching*. É coautora da obra *Logística: teia de relações* (2013), publicada pela editora InterSaberes.

Roberto C. Pansonato

É especialista em MBA Executivo em Liderança e Desenvolvimento Gerencial (2011) pela Estação Business School; Green Belt Six Sigma (2003) pela Universidade Estadual de Campinas (Unicamp); e graduado em Desenho Industrial (1988) pela Faculdade de Desenho Industrial de Mauá (Fadim). Professor de ensino superior nos cursos de bacharelado em Administração, Engenharia da Produção, Tecnologia em Logística e Tecnologia em Gestão da Produção Industrial, atuando nas seguintes disciplinas: Gestão e Mapeamento de Processos, Gestão da Cadeia de Suprimentos, Administração de Materiais, Sistemas de Avaliação, Metrologia e Qualidade, Administração da Produção e Tecnologia em Processos Industriais. Coordenador de Projetos Integradores nas UTAs (Unidades Temáticas de Aprendizagem) de Gestão da Produção e Estratégia. Tem vasta experiência nas áreas de engenharia de produção e *lean manufacturing*, adquirida por meio do trabalho em empresas multinacionais com atuações relevantes em seus segmentos e em viagens profissionais à Europa, aos Estados Unidos e ao Japão.

Impressão: Gráfica Exklusiva
Julho/2021